U0659473

西域探险记

[英] 奥雷尔·斯坦因 著

巫新华 译

Sir Aurel Stein

On Ancient Central-Asian Tracks

GUANGXI NORMAL UNIVERSITY PRESS
广西师范大学出版社
·桂林·

西域探险记
XIYU TANXIAN JI

图书在版编目（CIP）数据

西域探险记 /（英）奥雷尔・斯坦因著；巫新华译．—桂林：广西师范大学出版社，2021.11（2024.11 重印）
ISBN 978-7-5598-4290-9

Ⅰ．①西… Ⅱ．①奥… ②巫… Ⅲ．①西域－考古发现－通俗读物 Ⅳ．①K872.45

中国版本图书馆 CIP 数据核字（2021）第 194873 号

广西师范大学出版社出版发行
（广西桂林市五里店路 9 号　邮政编码：541004
网址：http://www.bbtpress.com）
出版人：黄轩庄
全国新华书店经销
广西民族印刷包装集团有限公司印刷
（南宁市高新区高新三路 1 号　邮政编码：530007）
开本：880 mm × 1 230 mm　1/32
印张：9.75　　字数：200 千
2021 年 11 月第 1 版　　2024 年 11 月第 3 次印刷
印数：11 001~13 000 册　　定价：88. 00 元

出版说明

《西域探险记》是奥雷尔·斯坦因在中国西部尤其是新疆地区三次考古探险报告的通俗读本，在《沿着古代中亚的道路》（广西师范大学出版社2008年8月第1版）基础上精编而成。

《沿着古代中亚的道路》共21章，本书在编辑出版时删除了一章，即第十四章《得自藏经洞的佛教绘画》，因为这章内容主要是解读藏经洞里的佛教绘画意涵和艺术特征，和本书“探险”的经过关系不够紧密。此外，我们对本书的各章名称也进行了重新概括和提炼，使之更加凝练，更能突显探险的过程及考古发掘所得。在具体章节的内容上，我们也对本书做了技术性的处理，删减了重复论述以及与本书主题关联性不够紧密的内容，以力求前后文内容紧凑，线索清晰，行文流畅。

尤其值得一提的是，在编辑本书过程中，我们对译稿进行了重新校译和文字润色，精选了100多幅图片附在书中，请专家对全书内容进行审读把关，使本书的内容质量和可读性都有了较大的提升，更符合现代读者的阅读需求。

出版本书的主要目的是，为读过斯坦因考古报告的读者提供流贯前后的精要文本，为没有读过斯坦因考古报告的读者提供他在中国西部地区考古探险的简要情况。

本书的精编再版是我们对斯坦因考古探险报告通俗化的一次尝试，希望读者朋友给我们提出批评、建议，帮助我们把这本书做得更好。

广西师范大学出版社编辑部

2021年8月

前　言

《西域探险记》是奥雷尔·斯坦因在中国西部尤其是新疆地区三次考古探险的通俗著作《沿着古代中亚的道路》(广西师范大学出版社2008年8月第1版)的精编版。

20世纪纪初，中国新疆考古探险的一系列重大考古发现，引起了国际探险界、收藏界以及学术界的极大关注。在此背景下，英国籍考古探险家斯坦因先后四次进入中国新疆、甘肃、内蒙古等地区进行考古探险，获得大量珍贵文物和考察资料。

1900年7月底，斯坦因到达新疆喀什英国领事馆，在领事马继业的帮助下顺利完成考古探险后勤组织工作。1900年9月11日至10月2日，斯坦因经莎车、皮山到达和田绿洲，重点勘测了昆仑山喀拉喀什河、玉龙喀什河河源地带山区。在斯坦因此后的考古探险中，地理勘测都是他的主要工作内容。1900年12月12日至1901年4月19日，斯坦因探察并发掘了丹丹乌里克遗址、热瓦克遗址、喀拉墩遗址、尼雅遗址和安迪尔遗址，第一次考古探险成果丰硕，震惊世界。

1906年9月15日至1907年2月初，斯坦因探察和发掘了热瓦克遗址、哈达里克遗址、尼雅遗址、安迪尔遗址、楼兰遗址、米兰古城和米兰佛寺遗址。1907年2月21日至6月9日，斯坦因先后探察发掘了敦煌汉代长城遗址、莫高窟千佛洞遗址、酒泉古遗址、张掖古遗址、安西古遗址、哈密古遗址、吐鲁番古遗址、焉耆古遗址以及和田河麻扎塔格古遗址，并广泛进行地理勘测与测绘。第二次考古探险，斯坦因共获得文物47箱，其中30箱是各种古代文字手稿。这些手稿刊布后，再次震惊世界。

1913年11月下旬，斯坦因到达和田，先后探察发掘了尼雅遗址、米兰遗址和楼兰遗址。1914年10月下旬，斯坦因到达吐鲁番盆地，开始发掘柏孜克里克千佛洞、哈拉和卓高昌故城等遗址。1915年8月初，斯坦因在喀什整理其第三次考古探险所得文物，共装满了182个大箱子，文物数量之多，价值之珍贵，又一次震惊世界。

此后十年，斯坦因主要的工作是整理研究第二、第三次考古探险所得文献与其他文物资料。

1929年，斯坦因开始筹划第四次考古探险。此时，由于中国社会各界对西方所谓的考古探险家劫掠我国西北地区古文物的强烈反对，斯坦因此次探险几无收获。

斯坦因考古探险大致有以下三个特点：

第一，斯坦因在中国西部尤其是在新疆活动时间长，涉及地域广，考古与地理勘测规模大，目标指向性强。

第二，斯坦因的考古探险活动具备长期的东方学学习与学科准备，根据英国利益需要与当地官方进行全面深入的沟通、互动以及资源动员，并有细致周详的人员与后勤准备。

第三，斯坦因对中国新疆的认识和感受立足于西方价值观和英国利益观，探险过程中隐瞒自己的真实身份和目的，避免引起当地官方和百姓的怀疑，可以说，斯坦因的考古探险主观上仍然在为英国政治、军事渗透等方面服务。斯坦因所谓的考古探险，绝不是一般意义上的科学性质考察，而是典型的文物盗窃和情报收集行为，斯坦因以考古考察为借口，开展一系列地理考察、绘制军事地图等活动便是证据。

斯坦因四次中国新疆考古探险是颇为复杂的历史现象，其掠夺中国文物的行为破坏了我国古代历史文化遗址，损害了我国国家主权。

巫新华
于新疆工作旅途中
2021年8月

目　录

第一章

鸟瞰西域[①]

我先后三次在中国西部探险[②]，历时七年，行程总计约25000英里[③]。

我探险的范围，西到阿姆河，东抵中国新疆。这一区域是古代东西方文明交融地带，谱写了文化史上灿烂的一章。这些文明在遗物上留下的印记，因气候干燥而被保存至今。

我探险的足迹所及，包括塔克拉玛干沙漠所在的塔里木盆

① 西域是一个地理概念，又是一个与历史有密切关系的名称。由于历史时期不同，西域的地理范围各异。一般说来，西域有广义和狭义之分：广义指的是古代玉门关、阳关以西广大地区，狭义指的是包括历史上的新疆在内的中亚地区。斯坦因所谓的中亚与中国古代西域所指的地理范围基本一致，因此在涉及古代中国与中亚方面时，“中亚”一词本书译作“西域”。（译者）

② 斯坦因三次中亚探险的时间为：1900—1901年；1906—1907年；1913年—1916年。（译者）

③ 英制长度单位，1英里=1.609344千米。（译者）

地。塔里木盆地北接天山，南止于昆仑山山脉，东抵南山山脉，西与帕米尔高原山道相连。

从地图上看，这一区域像是横亘在人类几大文明发祥地之间的一道屏障，隔断了各文明之间的交流与联系。这里适合生命生存的地方仅为几片沙漠小绿洲。绿洲之外，是广阔无垠的荒漠。

塔里木盆地的大部分面积被塔克拉玛干沙漠覆盖，其余则是罗布泊沙漠。塔克拉玛干沙漠和罗布泊沙漠水源难觅，包括人类在内的所有生命都无法在这些地区生存。昆仑山高原山地的情形与此并无二致，只是在靠近冰川的高海拔地带才有一些植被。昆仑山高原山地气候近似半极地气候，一年里只有几个月可以生长植物。此外，深峻峡谷中的冰川溪流旁也有植被存在。沿山谷溪流向下渐次出现一些耕地，再向下就是沙漠盆地。所有的绿洲都赖于河流而存在，在塔克拉玛干，不靠人工渠道引水绝无可能耕种。

我的探险从西部群山开始。这不仅是因为希腊、罗马以及印度、波斯的影响经亚洲腹地东传到达中国，也由于要翻越的崇山峻岭较之周围的山系更为有趣。我所指的崇山峻岭就是那座大子午线走向的山脉，以及西侧广阔的高原地区。我将它们统称为帕米尔高原地带。这座巨大的山系，北与天山山脉相接，南与兴都库什山相连。阿姆河与塔里木河两大水系即以此山系为分水岭。分水岭东侧是高原山地，西面大部分则是阿姆河流域。这里是古代东西方贸易和文化交流的大通道，也是古代中国从塔里木盆地进入印度的必经之地。

沿着上述路线向东，经过曲折干燥的峡谷，即到达塔里木盆地的西部边缘。塔里木盆地的大部布满了流动沙丘。在未进入塔克拉玛干沙漠之前，首先要翻越环绕塔里木盆地的巨大高原山脉。塔里木河在抵达罗布泊并最终消失在沙漠之前，如果没有这些高原山脉的冰川供给水源，如此辽阔的地域将无任何生命可言。

雄伟高峻的昆仑山脉蜿蜒横亘在塔里木盆地南面。从帕米尔高原开始，就有几座崇山峻岭逶迤东去，直达喀喇昆仑山冰川。叶尔羌河及其众多支流都发源于这些山岭，进而成为塔里木河的主要支流。在这些河谷上游山岭坡地中，草场稀少，仅有几户柯尔克孜人游牧于此。这里的河谷通道大都汇集到喀喇昆仑山山道。喀喇昆仑山山道是通往拉达克和印度上游河谷的唯一交通线。

再向东，昆仑山脉愈高，交通阻绝。灌溉和田绿洲的玉龙喀什河即发源于昆仑山主脉北部。昆仑山主脉海拔近20000英尺[①]，绵延约300英里，道路大多在深山峡谷中，极难通行。这些河谷上游地带虽有几条山路可以通过山口，但由于山北坡地冰川遍布，崎岖难行，除当地山民外，外人几乎寸步难移。由此向南，是一望无际的西藏高原。西藏高原极为贫瘠，是古代

① 英制长度单位，1英尺＝0.3048米。（译者）

交通的天然屏障。

和田绿洲南部高耸的昆仑山北坡，虽地貌与西藏高原迥然不同，但荒芜程度并无二致。在广阔的黄土山地上，时常可以见到水流冲蚀形成的崇山峻岭和深邃峡谷。这种情形，是在漫长的地质年代中因水流长期运动形成的。这些荒芜的昆仑山坡地几乎没有植被的保护，一年中极少有降水。

昆仑山北部冰川环绕。和田绿洲东面是玉龙喀什河发源地，由此可以俯瞰整个塔里木盆地。和田绿洲南面的山脉绵延400英里以上，犹如一条长长的珠链。在这条珠链上，昆仑山的前山地带是荒芜贫瘠的砾石坂坡。

向南遥望，沿塔里木河走，直至罗布泊方向，拱卫盆地的外围群山绵延东去，山势逐渐下降。狭小的若羌绿洲是古代鄯善国所在地，也是塔里木盆地东段唯一可以供人类永久居住的地方。若羌地段的昆仑山山间道路，历史上曾是南部游牧民族进犯塔里木盆地的通道。西藏高原、柴达木盆地和昆仑山高原河谷可以得到从印度洋以及太平洋方向吹来的维持生命的水汽。当然，这些水汽基本上不会越过巍峨的昆仑山脉进入塔里木盆地。

穿过塔里木盆地东端，昆仑山脉侵入南山山脉后渐渐消失。南山山脉西部俯临疏勒河河谷，蜿蜒200英里以上。山脉北坡山地气候干燥，高度发育的冲蚀地貌与昆仑山北坡完全一致。

穿过疏勒河河谷地带向东，一直到南山中部，情况却变得大为不同，气候明显变得湿润起来。这种迹象表明，这里已经接近黄河流域，受到了经甘肃西部直达西藏东北部高原地区的太平洋水汽影响。由于受到太平洋气流带来的水汽润泽，肃州[①]河西部河谷地带植物生长茂盛。再向东南，降雨和降雪量越发增大，南山北部的甘州[②]河流域因此出现大片茂密森林。

现在，我们已经介绍到流入太平洋的黄河流域分水岭地带。在这里，我们明显地感觉到，南山山麓从甘州原野以东气候湿润，无须修建灌溉设施，仅依靠雨雪等自然降水，就能够进行农业生产。不过，这一带的地表水不会流入大洋，而是最终消失在大陆腹地。

发源于南山的各条水流汇入额济纳河后，一同流进荒芜干燥的额济纳盆地，并最终消失在那里。北山山脉荒凉的高原山岭就蜿蜒绵延于额济纳河的西边，与同样干燥荒凉的库鲁克塔格相连。“库鲁克塔格”是突厥语（应为蒙古语——译者）名称，意为“干燥之山”。自此向西是绵延400多英里的无人区。北山与南山的连接部极为宽广，那里的盆地平原南北距离都在200英里以下，距离水源最近的地方现在已经开始垦殖。

在戈壁东西两端山峦的断层间，偶尔发现有水井和泉眼，表明有交通路线由此经过。但水井和泉眼的水量很小，决定了

① 即今甘肃省酒泉市。西汉中期，因“城下有泉”“其水若酒”而得名。位于甘肃省西北部，河西走廊西端。唐武德七年（公元624年）置酒泉县。酒泉古称肃州，历来是亚欧大陆东西往来的要冲，古丝绸之路的必经之地。（译者）

② 即今甘肃省张掖市。因甘泉清洌而得名，历来是兵家必争之地。（译者）

这里一次只容许少数人马通过。这里常有风暴发生，被行人视为畏途。这里气候寒冷，即便在春季，也常有冰冻霜寒出现。

天山山脉蜿蜒延伸在塔里木盆地北缘，在盆地北部形成巨大的天然屏障。天山山脉各处的海拔高度和山峦宽度大不相同。但是，无论何处，在气候以及与气候相关的其他各个方面，都极其鲜明地显示出它是塔里木盆地和北部毗连地区的分界线。北部各地区均属于准噶尔盆地。盆地的北部边界一直抵达西伯利亚的南缘，是一块巨大肥沃的山谷盆地。因为气候比较湿润，天山山谷以及附近的平原大多以畜牧业为主。因此，自古以来，从匈奴人开始，一直到突厥人和蒙古人，这里都是游牧民族垂涎的地方。

天山这道天然屏障绵延不断，其间时有山谷通道。这些山谷通道可以通行人马以及用于货物往来运输，因此天山以北的游牧民族，总有机会侵袭天山南部丰腴富足的绿洲和商道。对于吐鲁番盆地而言，天山以北的游牧民族可以从焉耆山谷中广大的裕勒都斯高原牧场长驱直入，这是自古以来北方游牧民族进入塔里木盆地东北部地区的主要通道。再向西，库车绿洲和喀什绿洲的情况一样，都无法避免游牧民族利用天山通道突如其来的袭击。

塔里木盆地东西长约900英里，南北最宽处有330英里。盆地中部是广袤无垠的塔克拉玛干沙漠，沙漠中央全部由流动性沙丘构成。

发源于昆仑山的无数条河流，除和田河外，没有其他任何一条河流能够流入沙漠深处。即便是和田河，也只有在夏天雪山融化的洪水季节才能够穿越沙漠腹地汇入塔里木河。其他河流一旦流经绿洲垦殖区，或与河流毗连的沙生植物生长地带以后，或长或短地再流淌一段距离，便彻底消失在茫茫沙海之中。不过，在某个地质年代抑或是较早的某个历史时期，一定有几条河流能够流到很远的地方。我在塔克拉玛干沙漠深处发掘的几处古代遗址，便足以证明这一点。

这些考古发掘，使我了解和熟悉了塔克拉玛干沙漠不同地形地貌的分布特点。这就是，行人无论是从绿洲边缘还是从河流旁边的丛林地带进入沙漠，最初经过的，总是沙漠植物分布带。植物以红柳、野生胡杨和芦苇为主，它们大多生长在低矮的流动沙丘之间。这一地带最显著的地貌形态是红柳包。大大小小圆锥形的土丘常常密密麻麻地聚集在一起。红柳包是流沙围绕红柳植株缓慢而有规律地堆积逐渐形成的。土包起初很小很矮，经过数百年不间断的沙土堆积和红柳植株的生长，土包就会长高达50英尺。继续向沙漠深处前进，沙丘上便只有皱缩发白、扭曲干裂的枯死树干裸露在外面。红柳包上的红柳也是很久以前就已枯死。有些还留有干枯的枝干，有些则只剩下圆锥形土包。到后来，连这种情形也看不到了，只有荒凉的沙丘堆积成一道道沙岭。

所有的沙丘，都是由狂风剥蚀肥沃的黏土堆积而成的。一

图1　昆仑山主脉

年中的大部分时间里，这里都被强烈的风暴肆虐。特别是东北部地区，只要任何一处地表没有堆积沙丘或生长有沙生植物，在裸露的地面上，柔软的黏土便被狂风刮起席卷而去。

沙漠遗址的居住建筑，乃至古代果园遗迹，常常位于岛屿式的台地上，比附近风蚀地面高出许多。倒塌的残垣断壁和倒伏的树干有效地防止了土壤风化，因而地面的原始高度得以保存，四周没有遮盖的地方便被风剥蚀得越来越低。

在塔里木盆地，人类可以长久居住生活的地方只有沙漠和山脉之间的小绿洲。由于气候干燥，这些绿洲的垦殖只能依靠

图2　从喀喇库勒湖南岸远眺“冰山之父”慕士塔格山，山前有柯尔克孜人的毡房

沟渠进行灌溉。也正因为如此，当地的畜牧养殖被严格地局限在河畔的灌木丛林之间。这种自然环境条件制约，可以说明，为什么两千多年来先后占据天山北坡的乌孙、塞种、月氏、匈奴、突厥以及蒙古各游牧民族，虽然常常袭扰塔里木盆地各绿洲，逼迫当地人臣属于他们，但他们绝对不会跨越山岭永久性地占领这些地方。这些游牧民族既然已经享有天山北坡的广大草场，那些以引水灌溉为生的绿洲垦殖者辛勤劳作的生活，自然不会引起他们的兴趣。

塔里木盆地所有已经开垦的土地与其绝对沙漠面积相比，

图3　和田绿洲博拉且巴扎入口

只是微乎其微的一部分。由于气候干燥，所有绿洲的植物都呈现出非常显著的一致性，即无论在什么地方，到处都可以看到，同样的小麦、玉米和棉花，同样蜿蜒曲折的乡村道路两旁栽种着同样的白杨树和柳树，同样的庭院和果园出产同样的水果。

塔里木盆地东部的罗布泊洼地中央，是盐卤凝结而成的湖床。湖床自西南到东北的距离有160英里，最宽处有90多英里。这表明，史前时期这里是一个巨大的咸水湖。当时中亚气候还未完全干燥，这里容纳了塔里木盆地所有的水流。两千多年前，中国人初次知道此地时，当时的气候、环境状况就已经同

图4　喀什库勒冰川源头

现在一样了。现在，在与罗布泊西北部湖床毗连处，有一大片没有任何生命的地方，那里风蚀严重，并覆盖着一层薄薄的流沙。在那里的黏土地面上，仍然可以看出干涸河床的痕迹。我们的测量数据表明，这里属于早已干涸的古代河床，即库鲁克河三角洲。公元前后1世纪左右，库鲁克河三角洲汇集了焉耆河谷的孔雀河和塔里木河的河水，流向当时居住有一部分人的楼兰古国。近年来，水道又发生了较大的迁移，河水又重新流回荒漠中以前流过的大部分地方。

从斯文·赫定博士首先发现楼兰古国的一座遗址开始，之

图5　玉龙喀什河源头的冰川

后又陆续发现了许多遗址，并获得了极为丰富的出土物。大量考古出土物表明，库鲁克河曾流至楼兰古国。公元4世纪初，在库鲁克河的尾闾地带还有一片小绿洲以及开垦的农田。经过这个当时曾有人烟的区域，横越罗布泊湖盆崎岖难行的盐壳地面，即是古代中国经疏勒河河谷进入塔里木盆地的通道。

这条中国古道横穿楼兰遗址东面的盐质湖床，然后转向东北方向的河谷低地，进而穿越一处四周都是奇形怪状雅丹的干涸湖床，进入疏勒河盆地下游三角洲沼泽地带。

在疏勒河盆地，除敦煌和其他一些小绿洲外，都没有人类居住。疏勒河盆地面积广大，独特的自然环境决定了它的历史

图6　罗布泊沙漠中的达坂

作用与地位。这里南有高山，北邻大漠，是从河西进入西域的天然走廊，战略地位极为重要。

过了疏勒河盆地，便进入中国古长城的门户——嘉峪关。至此，我们到达了前面所说的无水地带的最东端。甘州河源头从太平洋流域分水岭向北延伸，一直抵达一个沼泽湖盆。到了那里，便成了交汇肃州河与甘州河河水的额济纳河。

在南山山脉最北部，是受太平洋水汽滋润而生长的茂盛森林的河谷地带。由此继续往下走，我们来到一块宽阔肥沃的高原冲积扇地带。由于地理条件优越，这里自古以来就是中国同中亚之间的陆路交通要道。

第二章

西域往事

在过去一千多年的漫长岁月里，由于东西方文明的交互影响，西域曾上演了无数的历史故事。

汉朝时，为了抵御匈奴人的袭扰，经过不懈努力，汉武帝时期（公元前140—前87年）终于收复了南山北麓地区。这个故事从张骞出使西域开始。大约在公元前138年，汉武帝派张骞出使大月氏，希望能够与他们联手抗击匈奴人。此前，强劲的游牧部落组成大的部落联盟，不断南下，劫掠中国北部地区，已长达数百年。张骞出使西域之前约20年，大月氏人被匈奴人驱逐，离开南山北麓故土向西迁徙，最后在阿姆河畔建立了新的国家。

张骞出使西域，历尽了艰难困苦（一度为匈奴所虏，囚禁长达十年），最后到达大月氏。不过，大月氏人已经安于新的领地，不愿意返回故土，向匈奴人寻仇报复。张骞出使的目的宣告失败。然而，张骞这次出使却正式开辟了中国文明与其他文明直接交流往来的新纪元。

张骞出使在外13年，后来取道塔里木盆地返回汉朝。张骞出使时随行的有100多人，归来时仅剩下一个同伴。回到长安后，张骞对他到过的西域各国，以及大宛、康居、大月氏、大夏、波斯、印度等都有详细的报告。汉朝人由此得知，在边陲的"蛮夷之外"，还有十分开化的民族。

张骞是中国了解外部世界的第一人。此后不久，汉武帝便认识到，与西域各民族交往，在通商贸易和政治军事方面具有重要的意义。加上汉朝在这位英明睿智的君主治理下已经安定巩固，经营西域便成为国策。

推行这项政策的最直接目的是开通一条经过塔里木盆地到达阿姆河流域的大通道。西汉时期，从中国到西亚有人居住的地方，河西走廊的南山北麓是天然通道。然而，这里一直被匈奴人占据，致使东西方阻隔。汉朝人开通这条通道的努力便表现在抵抗匈奴人方面。汉武帝不断大规模派遣军队进攻匈奴。他的努力很快得到回报。在取得几次大的胜利之后，匈奴人退回了沙漠以北地区。公元前121年，河西走廊摆脱了匈奴人的控制，西汉王朝设立酒泉郡管辖这一地区。

除了沿着这条大道向西域的军事推进，汉朝还派遣使节前往塔里木盆地内外诸国进行政治活动，最远的地方竟然到达巴克特里亚和波斯。这些使节携带汉朝出产的珍贵丝绸和其他物品，向西域诸国显示汉朝的国力和富庶。从此以后，丝绸便经由安息和叙利亚输送到地中海沿岸国家。而号称“丝绸人”的汉朝人的名声，很快响彻了希腊和罗马。汉朝的这种丝绸贸易在经济方面的重要性是显而易见的。在此后的几个世纪里，丝绸一直被作为中国独家生产的珍贵商品进行出口贸易。

汉朝向西发展的开拓者张骞被皇帝授予“大行”之职，于公元前115年第三次奉使归国后，大约一年便逝世了。自从张骞凿空以后，汉朝与西域的交往日渐频繁，“使者相望于道”，往往达数百人。

为了获得最大的贸易利益，就必须利用这条通道为汉朝的商品，特别是贵重的丝绸织品寻找到新的市场。汉武帝发起的经营西域的重大举措，除了政治目的，还与贸易等经济利益有关。但是，联合大月氏和天山以北的乌孙夹击匈奴，即使不是为了与西域交往，那么此后汉朝使节在西域遭遇的麻烦，也会迫使汉朝采取措施，对匈奴进行遏制。因为在刚开始经营西域的几年时间里，汉朝使节在塔里木盆地遭到了严重困扰，各国臣民和酋长常常拒绝供给汉朝使节给养，甚至直接攻击他们。更为糟糕的是，天山北部的匈奴势力并未破灭，匈奴的骑兵经常出现在楼兰等地，“遮击使西国者”。

鉴于这种局面，汉朝很快便作出了使用武力保护沿南山北麓交通路线的决策。进行这样的军事行动，汉朝不是没有准备的。早在第一次征服这条天然大通道之后，汉朝就已经开始沿线修筑屯戍设施，并把秦始皇防御匈奴修建的长城向西延伸修筑下去，以保障其大规模的西进政策。

历史上，为了谋求贸易利益和进行文化交流而动用政治力量和采取军事行动加以保障的事例比比皆是，屡见不鲜。汉朝从实行经营西域政策开始，便决定了他们对西域的重视程度，远远超过塔里木盆地那些零散狭小的绿洲。但是，这些地方距离汉朝实在太远，后来大宛人不尊重汉朝使者的行为进一步恶化，直至演变为劫杀汉朝使者的重大事件。

为了维护汉朝声威，讨伐行动势在必行。公元前104年，汉朝派遣一支远征军讨伐大宛。然而，这次军事行动最终以失败告终。远征军横越盐泽（即罗布泊），途中艰难万状，精疲力尽，减员严重，在未到达大宛之前，部队便已耗尽全部给养，到达大宛边境时，首次攻城便大败而归。为雪洗前辱，汉武帝倾全国之力再度远征大宛。公元前102年，李广利将军率领6万多人的军队，并辅之以庞大完善的后勤保障系统，西出敦煌，再次讨伐大宛。

这一次，汉朝凭借有效的组织能力战胜了远征所有困难。李广利将军率领3万多将士直捣大宛国都城，以绝对优势迫使大宛国投降，取得完全胜利。汉朝的声威因此大振，塔里木盆地各绿洲小国相率称臣于汉朝。自此，汉朝管理这条天然通道和塔里木盆地绿洲长达一个多世纪，一直到公元初年汉朝内乱，西汉王朝终结时为止。

汉朝在这一地区的统治之所以能够如此长久，与其说是由于武力强大，不如说是由于外交手段运用得当，以及优秀文明的巨大影响力。

从古代文献记载频频提及的“丝织品”，我们可以知道，当时汉朝的这些手工业产品正源源不断地向西方输出。自然，那时汉朝一定也带回不少外国的物产，其中以东伊朗的产品最为突出。关于西方物产的传入，在中国古代众多文献中都有记载。

塔里木盆地的考古发掘结果表明，在伊斯兰教传入之前，当地文明受中国、波斯和印度三种文化影响，而具有多文化融合的特征。可以说，西域交通开通之时，即是这种文化融合的初始阶段。从公元3世纪左右废弃的遗址发掘出土的文物来看，当时塔里木盆地各绿洲的居民使用的是一种印欧语系古代语言，说明他们很可能是同一个民族，说同一种语言。

在极度干旱的地区，因为严酷自然环境的局限，只有较大的人类团体依靠组织严密的灌溉体系才能生存。这些靠社会秩序、制度赖以生存的定居民族，特别善于吸收和传播来自远东以及西方的各种优秀文化。从另外一个角度看，塔里木盆地的地理位置及其特点，似乎也是上天专门为这种重大的历史作用而特意安排和准备的。昆仑山和天山之间的广大地区，虽然没有可以用作牧场的土地，但是大自然也给予特别的关照，使其不致成为大规模民族迁徙的通道和因而产生各种动乱的历史舞台。

历史上，北方的匈奴人一直是绿洲最危险的邻居，他们控制并封锁了天山北麓的东西方大通道。到了公元前60年，汉朝已经占有天山东部的吐鲁番盆地，并在天山东部南端设立了垦殖区，为塔里木盆地北缘的大通道提供了重要的安全保障。

另外一条交通路线沿着塔里木盆地南缘，经过且末与和田绿洲的交通路线相连。因为有高峻的昆仑山山脉阻挡，尤其是邻近荒凉的西藏高原，所以一直没有遭受到游牧民族的侵扰。

中国与西方通商和扩张其政治影响，为什么一定要在自然环境严酷的罗布泊开辟交通路线呢？要知道，在当时只有这一条线路最安全、最方便，除此之外，别无选择。

西汉末年，王朝内部变乱丛生，与西域的交通第一次受到阻碍。汉朝在塔里木盆地的统治力量日趋衰弱。据《后汉书》记载，西域后来分为五十五国。此后，塔里木盆地陷入匈奴人之手大约10年。后来，汉朝为了保护西北边陲，使之不再遭受匈奴袭扰，又恢复了西进政策。

公元73年，为解除匈奴的威胁，汉明帝打算收复哈密。哈密绿洲是军事战略要地，是进入吐鲁番盆地和天山东部西域北道以及塔里木盆地的枢纽。据守哈密，可以有效地抗击横越天山的游牧民族的侵扰。不过，汉明帝的努力失败了，直到13年后，哈密才正式收复。

塔里木盆地重新回到汉朝的统治之下，这里又一次成为人类历史大舞台。当时努力推进西进政策的人是班超。经过班超策划组织的几大重要事件之后，东汉王朝的声威在塔里木盆地再次树立了起来。班超从罗布泊以东的沙漠通道开始，依次收复了和田、莎车、疏勒等绿洲。这些成果的取得主要是由于他的胆略和智慧，而非依靠武力。而班超的诀窍就是：以夷制夷。

班超成功后，东汉王朝的势力进一步向西扩展，并远远到达帕米尔西部以远的地方。首先，是与安息建立外交关系。公元97年，东汉王朝派遣使者直接与大秦通交。这次派出的使者似乎还曾到达波斯湾尽头。公元102年，已经年老体弱的班超，终于获准带着帝国的荣耀返回遥远的都城，并在那里终了残年。而东汉王朝在西域的声威此时也达到了顶点。

此后不久，由于匈奴的进犯劫掠和各地的叛乱，西域适合交通往来的和平状况发生了改变。当时东汉王朝积弱日甚，在西域的声威日衰。公元220年，东汉灭亡。但那时从印度洋到红海的海路交通已经开通，面向罗马帝国的丝绸贸易便日渐改用海道。

到了三国时期，三足鼎立，纷争不息，中国无力维持对整个塔里木盆地的治理。尽管如此，西域各国同外界在文化和贸易方面的往来交通并没有因此而断绝。我曾经发掘过两个很有趣的遗址，从那里得到的出土文物足以证明我的观点。我所说的古代遗址就是尼雅河尽头沙漠腹地废弃已久的聚落遗址和中国在楼兰地区的屯戍遗址。在这两个遗址里，我获得丰富而珍贵的文物，为反映当时的实际生活和政治状况提供了充分证据。同时，也充分说明一直到公元3世纪以后，这一带仍处于中国的统治之下。

根据考古材料，可以推想出古代尼雅一带当时的生活情况。尼雅遗址出土的达官贵人的华丽建筑遗迹，以及制作精美的家具残件和雕刻精细的木质装饰品等，都显示出一种高度发达的文明。当地的工艺品，更是明显反映出从东伊朗或印度西北部地区传播过来的希腊化影响。

我所获得的与佛教有关的文物表明，当时佛教在塔里木盆地各绿洲居民的精神生活中已经占有显著地位。在一座颓败的建筑遗址旁的垃圾堆中，我发掘出土了大量文书。从这些文书可以看到印度文化的影响。在尼雅遗址中，我共获得了数百件简牍文书，其内容大多是公文、契约、账簿等，它们都是用梵文和佉卢文字体书写。这两种字体，公元前后1世纪曾在印度西北部和阿富汗邻近地区广泛流行。

根据这些遗址，我们可以推想出绿洲居民当时的物质生活。果园中已经枯死1600年的果树，至今仍能让人清楚地辨识出来。此外，诸如篱笆、建筑材料等表明，当时的种植条件、作物和气候条件与现在塔里木盆地各绿洲的情形完全一致。

我们对塔里木盆地随后近三个世纪的历史不甚了解。其原因是，随着中国在这一地区的统治逐渐衰落，有关西域的史料也随之阙如。

公元4世纪时，匈奴人开始大规模西迁。此后大约一个世纪，塔里木盆地及其北部和西部的大片地区都处于匈奴分支势力的控制范围内，他们就是西亚等地所说的嚈哒人(白匈奴人)。

这片广阔的区域，无论处于谁的控制之下，对于已经深深植根于各绿洲沃土中的中国文明而言，似乎都没有产生什么重大的影响，当然也没有能够阻止那些从伊朗东部和印度缓慢传播而来的佛教及其文化艺术。

到了公元6世纪中叶，游牧民族再次掀起沿天山向西迁徙的浪潮。这股浪潮时缓时急，最终止于突厥部落大团聚之时。这样，以前所有被嚈哒人控制的区域，这时则全部归属于突厥各部众。这些突厥人，就是《史记》记载的西突厥人。他们在中国边陲经营甚久。直到公元589年，中国终于结束300余年的分裂局面重归统一。

公元618年，唐朝建立，国威声势重新得以张扬。唐朝初期，朝廷对西北采取严格的退守政策，但不久便改为采取大规模的西进政策，唐朝的声威大震，其影响力超过此前的历朝历代。西突厥在唐朝纵横捭阖外交政策的强大攻势下，分崩离析，势力被严重削弱，哈密、吐鲁番因此先后摆脱了西突厥的羁绊而归附唐朝。公元657年，西突厥灭亡。此后，阿尔泰山一直到兴都库什山以外的广大地区摆脱了西突厥的控制，归入唐朝。

唐朝从西突厥手中继承这片土地后，派驻安西四镇的军队不仅要保护塔里木盆地的绿洲，还要兼顾保护天山北部的大片地区。天山北部是游牧民族最好的草场所在地。那时，突厥人仍时常飘忽往来于阿尔泰山与天山之间，唐朝军队因此常常遭受侵扰。而此时吐蕃已经迅速发展成为新的军事集权王朝，成为唐朝更加严重的边患。

到了公元8世纪中叶，除了南面吐蕃人的军事威胁，阿拉伯人的势力也不断东扩，并征服了阿姆河盆地，唐朝的西部边陲又面临一种新的威胁。吐蕃人极力想与阿拉伯人联手，抵抗唐朝在西域的军事优势。他们突入印度河流域以后，横越现在的吉尔吉特河[①]和现在亚辛的兴都库什山，进入阿姆河上游流域，从塔里木盆地的两翼向东扩张。吐蕃人和阿拉伯人的联合，严重威胁到唐朝在西域的统治地位。为了消除这种威胁，公元747年，唐朝将军高仙芝率部横越帕米尔高原，长途奔袭冰雪皑皑的兴都库什山达尔阔特[②]山口，一举击败了吐蕃人。这一军事壮举，最能够证明唐朝军队具有超群的能力，即善于利用严密组织来征服任何严酷的困难。

高仙芝的远征虽然大大提高了唐朝的军事威望，但是由于

① Gilgit，唐代称为娑夷水唐。（译者）

② Darkot，唐代名为坦驹岭。（译者）

突厥人的背叛，两年后（公元750年前后），在塔什干城附近与阿拉伯人的一次激战中遭到了失败。此后，吐蕃人自南向北进攻，占领了敦煌和南山山脉的一段领地，截断了塔里木盆地与唐朝的所有交通联系。然而，坚守塔里木盆地的唐朝驻军孤军奋战，继续维持唐朝在那里的统治达40年之久。

唐朝的统治退出之后，在将近400年的时间里，塔里木盆地陷入最为混乱的时期。我们知道，吐蕃人统治塔里木盆地不到100年。在这之后，塔里木盆地西部的疏勒以及其他沙漠绿洲统归于突厥酋长管辖，伊斯兰教得以乘机传入。公元10世纪中叶以后，由于伊斯兰教的发展，佛教及其文化艺术在这一地区逐渐衰落并最终消亡。

然而，在塔里木盆地东北部和天山东部的吐鲁番盆地一带，佛教仍然存在并得到继续传播。此外，由于回鹘酋长的保护，摩尼教和景教在那里也与佛教一同得到发展。这种情况的出现，不仅仅是由于当地回鹘酋长的远见卓识，也在于突厥人对于先进文明的强大融合能力。如今，维吾尔语能够通行塔里木盆地各处，原因便在于此。不过，塔里木盆地大多数居民至今仍然保持着阿尔卑斯种型的特征。这种特征在帕米尔高原山区居民身上表现得尤为明显。西欧也有一些民族具有突厥人特征，但其血统中的混杂成分极其微弱。

在公元10世纪到12世纪的政治形势下，人们很难相信塔里木盆地还跟以前一样，仍然是西亚与中国文化交流的重要通

图7 穿越塔克拉玛干沙漠

图8 经米兰遗址前往敦煌的商队

图9　敦煌古长城仓库遗址

道。唐代衰微，宋代继起，中国历代中央王朝对西域的政策虽非极端的退守，但最多也只能算是消极的抵抗。

公元13世纪初期的20多年间，在成吉思汗的统领下，蒙古势力迅速兴起，亚洲的政治形势也随之发生了重大变化。到公元1227年，成吉思汗在甘肃驾崩时，从黑海到黄河一带的所有地域都归于蒙古大汗的直接统治之下了。成吉思汗驾崩以后，其继任者继续征战了30余年，几乎征服了整个亚洲大陆。于是，中国和近东以及欧洲的贸易通道又一次重新开启。

这一时期，天山南北各商道畅通了大约一个世纪以上。那时，欧洲前往中国的使臣、商人以及旅行家络绎不绝。史料对

于他们长途跋涉的经历都有记载，并流传至今。

忽必烈驾崩后不到100年，元朝内乱频仍，王朝因而倾覆，明朝代之而起。为了防止蒙古人重新入关，明朝在甘肃西北一带采取退守政策，禁止贸易往来，安于现状，欣然自足。

海上交通路线的开辟始于中国，经过阿拉伯人的大力发展，到了葡萄牙人第一次远航到达印度之时，海上交通已经变得十分重要。因此，古代中亚大道对于西方贸易的重要性大大降低。到17世纪末，天山北部蒙古部族的准噶尔人兴起，迫使新兴气盛的清朝再次进入亚洲腹地。大约在1755年，清朝乾隆皇帝发兵大举讨伐准噶尔部，塔里木盆地及其北部的准噶尔部

图10　敦煌城南门

图11　敦煌古长城烽燧遗址出土的古代物品

图12　敦煌西北古长城线上的烽燧遗址

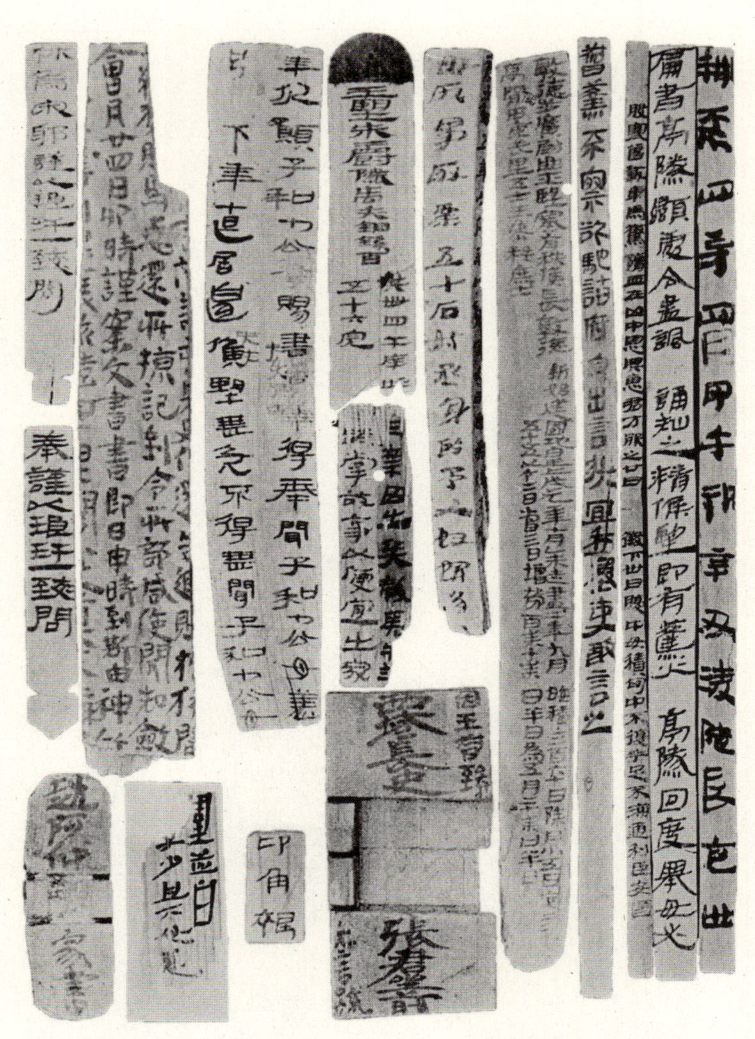

图13　尼雅遗址、罗布泊遗址和敦煌古长城遗址出土的汉文木简

又一次直接归入中央王朝的治理之下。一如汉唐故事，原本纯粹的防御政策，实行的结果却使中央王朝的势力扩展至广大的中亚地区，以及帕米尔和阿尔泰一带。

直到今日，中国虽然日渐衰落①，19世纪末西北东干人也曾一度叛乱，然而，中国对这些地方的治理依然如故。其原因就在于，历史上中国的西部边陲第一次与俄国等列强相邻，而这些强国能够强有力地辖制边民和禁止游牧民族随意迁徙。俄国人这一时期占领了肥沃的伊犁河谷，为中国1877年收复新疆的举动提供了便利。这一时期最初的10年间，塔里木盆地陷入无政府状态，而后又遭受阿古柏的蹂躏。不过这些都未影响这一地区的大局。

天山同昆仑山之间的沙漠绿洲，现在已经不再是贸易大道的必经之地。那片土地上那些勇敢坚忍地贩运货物的骆驼，仍然与张骞、马可·波罗的时代一样，是主要的运输工具，至今还没有汽车和火车来替代它们。曾经在中亚拥有巨大影响力的中国，它的历史影响力仍然足以维持那片土地的和平。

① 这里指的是民国时期，斯坦因写成本书的时间为1932年9月。（译者）

第三章

翻越兴都库什山

历史上，尤其是佛教时期，中国新疆地区是文化、宗教、种族以及语言等人类文明交融之地，这一点可以从沙漠遗址发掘所得的各类文物中得到证明。其中，这一地区受到印度文化的影响尤为明显，几乎所有的出土文物都可以找到这种影响的痕迹。这些影响，来自公元前后的几个世纪佛法兴盛之地和佛教传播大本营的印度西北部地区。我在很小的时候就对那里充满了好奇与无穷尽的遐想。

45年前，在我开始为印度政府服务的时候，帕米尔遍地高原和像阿尔卑斯山一样优美的克什米尔自然风光，是上天赐予我最特别的恩惠。那里最符合我的兴趣与性格，是我进行学术研究与工作的最初场所。在那里，我曾经花费好几个假期进行考察旅行，并根据古代梵文文献的记载，从事关于克什米尔历史问题的考证和研究。我花了很长时间在海拔11000英尺的高山上安营扎寨，风餐露宿，从事艰苦的考古发掘与研究工作。再后来，我的学术兴趣转向更北部的遥远地区。长年与世隔绝的高山生活，让我把克什米尔的帐篷当作了自己的家。而我的探险考察也都是以克什米尔为出发地的。

兴都库什山位于喜马拉雅山的北侧西端，是帕米尔高原的西向大山，也是印度河河谷与中亚内流河流域的分界线。每次探险考察，只要有机会，我都尝试寻找一条新的交通路线。我的三次探险旅行都经过荒凉的喜马拉雅山西部，那里给我留下了一生中最动人的回忆。

1900年第一次探险考察时，我从克什米尔前往中国，选择的是经过吉尔吉特和洪扎的那条道路。洪扎是一条山路，自然景观壮丽。1891年洪扎和纳格尔的酋长归顺英国后，这里才为世人所知。为了沟通吉尔吉特，以及给驻扎在那里的一小队大英帝国的军队提供方便，当地修建了一条很好的驴道。1913年第三次探险考察时，我又取道于此，并考察了此前欧洲人从来未涉足过的达勒尔与丹吉尔两处山地，然后取道塔格敦巴什帕米尔，沿着白雪皑皑的山路进入中国境内。就我个人看来，在历史问题之外，1906年第二次探险考察时我所选择的道路最富于地理学和人种学（体质人类学）意义。为了提高读者对我探险考察之旅的兴趣，这里就先介绍这条道路。

由于政治方面的原因，这条道路平常不对欧洲旅行者开放。我从印度西北边区白沙瓦县出发，取道斯瓦特与迪尔的土著部落，进入吉德拉尔的达尔德一带。从阿姆河上游阿富汗属帕米尔高原可以横越巴罗吉尔山口。我的前上司丁诺大佐当时是西北省的省长，他也十分赞同和支持我的计划。恰好当时的政治气氛也祥和适宜。承蒙阿富汗国王埃米尔·哈比布拉汗的恩准，我才得以迅速通过阿富汗那些从来不允许外人进入的地方。这一点，完全出乎我的意料。

4月是可以自南向北横越雪岭的最早时间，因而我的队伍便抓紧时间开始行动。我所主持的前三次探险队的成员中只有印度助手。印度测量局对我要进行的地形测量工作，自始至终都给予全力支持，每次都派出最优秀的本土测绘调查员随行，如奈克·拉姆·辛格是孟加拉皇家工兵队第一队的伍长，接受过十分严格的专业训练，探险过程中对我的帮助很大。乔斯范特·辛格是来自康格拉的拉贾普特人，在我几次探险考察中，自始至终都给调查员当厨师，我十分愿意我的队伍中有这样一位诚实可靠而又态度温和的印度随从帮忙，但因他出身高贵，不允许为欧洲人服役。至于我自己的厨师，只好另外找一个印度人。此人的烹调技术和个人品性与乔斯范特相比就逊色多了。

我之所以喋喋不休地讲了这么多，是因为我几次探险考察队的人员组成都没有什么大的变化，故一次介绍到位。在中国境内，为了在许可范围内进行正常工作，以及为了组织深入沙漠考古的运输队伍，所以得另外租用当地人的骆驼、骡马和雇请驼夫。在这些当地人中，我也找到一些可靠的人。对于我的那些考察设备，如科学仪器、照相机、玻璃片，以及满足两年以上工作需要的必备用品而言，出发时能够找到14头骡子来驮运，实属难能可贵了。

4月27日，我们从马拉坎特山口护卫斯瓦特河谷的城堡出发。自从1895年通往吉德拉尔的军用道路开通以后，马拉坎特山口及其附近山谷便成为当地部族激战的战场。我的探险旅程不仅要前往遥远的地方，而且也要追溯很久以前的年代，所以以此为出发地非常适宜。2200多年前，亚历山大和他的马其顿军队就是以此地为第一阶梯，进而深入南下征服印度。这里还有一些反映古代文明的残破佛寺遗迹，并发现有铸刻古希腊人物形象的古钱币。这些佛寺走向衰亡，一定是钱币上的人物不再掌控这片土地和不能够为佛教继续提供保护之后才发生的事。

5月3日，我们到达洛瓦雷山口附近山谷，这里的海拔在10200英尺以上。天未破晓，我们便走进深邃险峻的峡谷。峡谷里塞满了因雪崩坍塌下来的积雪，有一些可以明显地看出是新近才坍塌下来的。出发前，当地人就警告我们说，目前向北部行进很危险，现在看来绝非危言耸听。为了运送行李，我们不得已又雇请了50多个当地土著人，分成几个小队，分批分拨地行进，以减少危险的发生。安全地渡过这一难关之后，我们得以迅速通过深削的吉德拉尔山谷，到达德罗什戍堡。德罗什戍堡是印度英国驻军最北部的哨所。从这里前行，有两条很长的道路，高耸入云的提里奇米尔峰白雪皑皑，已经全然在望。随后，我们很快便到达吉德拉尔首府——一块被迂回曲折的群山环绕的荒漠小绿洲。

我们在当地停留了几天，进行人类学方面的调查。吉德拉尔的土著居民是达德部族很重要的一个分支，他们之间古老的历史以及种族和语言方面的相似性，引起了我特别的兴趣。在阿契美尼亚帝国时期，科特西亚斯便已经知道这一带山谷中有这样一个历史上遗留下来的古老种族，只是由于高峻的吉德拉尔山在庇护着他们，所以得以存在至今。正因为如此，我也才得以在这里进行真正意义上的人类学测量。这些人与兴都库什山另外一侧的那些讲伊朗语的山民，以及卡菲尔斯坦那些亡命者一样，都是卡菲尔部落的最后残余。也是得益于高山深谷的庇护，数百年来，他们才能够抵御来自阿富汗方面的征服和避免被强制改信其他宗教。

吉德拉尔及其周边的一些山谷由于仍然保留有许多非常古老的风俗习惯和技艺，以至于房屋建筑的形式等都很古老，这里是研究古代印度文明的理想之地。但迫于考察任务的压力，我必须努力控制住难以割舍的心情，继续向阿姆河和“世界屋脊”方向前进。尽管匆匆忙忙上行至亚尔浑河和玛斯杜杰河河谷，但我还是抽出时间考察了当地一些有趣的佛教石刻以及在伊斯兰教传入以前的军事堡垒遗迹。当地有一种奇怪的现象，所有与历史相关的传说，都把一些时代较晚的遗迹同朦胧不清的中国入主时期联系起来。在前面的章节里我曾说过，中国唐代的军队曾横越帕米尔高原，甚至一度短时间向南扩张至兴都库什山以南地区。就此而言，对于现在这种在被群山包围，几乎与世隔绝的环境里所保存下来的传说，我们应当给予特别的重视。

中国正史的相关记载，一向被我当作古代中亚历史与地理方面的指导性资料。有趣的是，时过不久，这些记载的正确性就得到了进一步证实。前面我曾介绍，公元747年，中国唐朝将军高仙芝率领大军进入当时被吐蕃人占领的亚辛和吉尔吉特两个地区。早在若干年以前，我就阅读过中国古代史籍关于这方面情况的翻译材料，那时我曾断定：高仙芝及其1万多人的大军从疏勒[①]出发以后，横越帕米尔高原所走过的道路，就应该是经过巴洛吉尔和达阔特这两个山口。事实上，从阿姆河上游山谷经过巴洛吉尔进入玛斯杜杰河源头河谷，再从那里前往亚辛，满布冰川通行艰难的达尔阔特山口是唯一可行的通道。

曾经发生过这样伟大历史事件的交通路线当然有必要进行实地考察。对于任何军事行动而言，帕米尔高原与兴都库什山都是巨大的天然障碍。有史以来，人员众多的军队如此有组织

① 今喀什。（译者）

地越过此地，恐怕都要以高仙芝他们为首例。高山耸峙，缺少最基本的给养，其困难程度难以想象。在这种情况下，唐朝军队是如何坚持下来的呢？即使是以上情况中的任何一种，都足以难倒现代军队的任何一个参谋本部了。

5月17日，本着验证历史的目的，我们登上了海拔15400英尺的达尔阔特山口。登山的过程表明，这是一件十分冒险的事。山岭上，从北向南有一条长达数里的巨大冰川延伸而来。这个季节，山上积雪很深，雪层下面隐蔽着许多冰川裂隙，危险时时存在。经过九个多小时的挣扎，我们才最终到达山口顶部。即使是我们的向导——强壮的玛斯杜杰人和瓦罕人，他们也一直坚持认为，在这么早的季节是不可能翻越这些山口的。这次登山的经历，以及后来翻越巴洛吉尔到达阿姆河流域的考察过程都充分说明，中国官方对于高仙芝这支伟大的远征军的所有记载，尤其是地形方面的记载，连细节都非常准确。

当我站在积雪闪亮的山顶，沿着陡峭的山坡俯视6000英尺以下的亚辛河谷，才真切地体会到高仙芝的大智大勇。他的士兵起初一定是极不情愿地被迫前进。后来则因为进入绝地，不得已只有挣扎着努力前行了。这些士兵的统帅对于前方路途的险恶情况恐怕早就了然于胸，因此他十分聪明谨慎地安排行军计划，鼓励士兵们义无反顾地进入前方深邃的峡谷。高仙芝的大队人马越过这道天险，突然出现在亚辛占领守军面前，大大出乎了敌人的预料，使得他们狼狈不堪，从而使唐朝军队在战争中取得完全胜利。至于高仙芝所使用的军事战略则是另外一方面的问题，这里我们暂且搁置不谈。当时我感觉非常可惜的是，这位勇敢的中国将军竟然没有在险峻的达尔阔特山口建立纪念碑之类的东西来记录这一伟大的壮举。就高仙芝的部队所遭遇的困难而言，横越达尔阔特以及帕米尔高原其他险峻的山口要隘的困难程度，要远超欧洲历史上从汉尼拔一直到拿破仑和苏沃洛夫等著名将领率领军队翻越阿尔卑斯山面临的难度。

两天后，我们翻越兴都库什山主峰，到达帕米尔高原最低处的巴洛吉尔。我们到来的这一年，这里的雪下得很大，使得本来很容易通过的山口因积雪壅塞而变得难以通行。如果没有阿富汗政府方面的大力援助，我们的辎重根本无法通过。

现在我终于能够站立在阿姆河源头河谷了。从阿姆河源头顺流而下，便是我自幼渴望接近的古代大夏人的活动区域。现在，我来到这里，不禁百感交集。以前我曾经多次努力接近它，但是每次都未能如愿。现在，不利的政治形势依然如故，但是由于探险队得到阿富汗国王（即埃米尔）的支持，所以在给养极度缺乏的瓦罕地区，我们从帕米尔向东进入中国的行程安全却得到了充分保障。

沙尔哈德是阿姆河流域地势最高的一个村落。在这里，我们受到十分友好热情的接待。阿姆河流域的阿富汗边防军指挥官什林迪尔汗受命带领士兵来这里护卫我们。什林迪尔汗是一位可爱的老战士，他在阿富汗国王埃米尔·阿卜杜拉曼即位前后的纷乱战火中身经百战。他极为熟悉巴达赫尚地区，说起这里的民族、历史、文化、古迹等更是兴致盎然，滔滔不绝。据这位温文尔雅的老兵讲，他少年从军，在伊萨汗大动乱时期以及后来阿卜杜拉曼时期，戎马倥偬，在纷飞战火中据鞍顾盼，雄姿英发，最终帮助国王平定叛乱，恢复秩序。听他讲述这些往事，我的思绪也随之飘往阿富汗往昔的历史烟尘中。我多么想留在阿姆河流域，收集和发现更多鲜活的历史记载与传说，可是我的探险队当时面临十分严重的困难。由于阿富汗方面派遣的护卫队随同我们一起驻扎在这里，而瓦罕民间的粮草有限，使得当地给养供应问题日益严重。当地人不断向我诉苦。不得已，我只好带领队伍启程继续前行。

我们沿着阿姆河河谷向上行进的头两程十分危险。这里的道路，冬天因为河水冰冻溢出而寸步难行，夏天则又因积雪壅塞道路而令人头痛。好在我们租用的巴达赫尚小马十分适应环境，尽管情形紧张得令人胆战心惊，但它们依旧沿着悬崖绝壁，徐徐行进。在这个过程中，多亏阿富汗护卫队士兵的多方看护，我们的行李、辎重等才没有掉落到波涛汹涌的激流中。

由于天气严寒，我们在波扎伊拱拜孜的柯尔克孜人帐篷里留宿了一晚。利用停留的一天时间，我顺便考察了帕米尔小湖。这个湖泊位于高原荒凉的山谷中，是“世界屋脊”之上种种奇妙景观中的一个。这里的山谷地势较为平缓，积雪甚多，看上去好像一条山脉，恰好成为帕米尔大湖和帕米尔小湖的分隔界限。我很清楚地分辨出，翻越这里就应该是那条穿越“世界屋脊”的道路了。这条道路曾因马可·波罗生动形象的描述而声名远播。十几个世纪以前，我最为敬仰的中国佛教护法圣人玄奘从印度求法归来，就曾经走过此路。马可·波罗之后，第一个到过帕米尔大湖的欧洲人是伍德中尉。他于1838年来到这里。而我，则是在他之后第九年才踏上这条历史悠久的道路。

在阿姆河干流喷赤河上游，我们沿着瓦罕[①]走廊山口的一条古道行进。山路两边都是冰川。克尊勋爵认为这里是阿姆河源头。经我实地考察，证实了这一观点十分正确。我们花费了一整天时间才艰难地越过这里。走过山口，就意味着我们已经越过中国与阿富汗的边界线，进入中国境内了。正式出发时是中午以前三小时，为了防备运送行李辎重的瓦罕人和柯尔克孜人中途逃跑，护送我们的阿富汗卫队一直驻扎在山脚下等待我们越过边界。这个季节，瓦罕山谷的积雪仍然很厚，上午气温虽然说低达华氏25度，可是积雪却非常松软，以至于我们不得不卸去柯尔克孜人强壮的雪原之舟——牦牛的所有负重，任其自行跟在队伍之后。在这个过程中，最让人担心的是阿富汗护卫队士兵，他们强逼瓦罕人和柯尔克孜人拼命挣扎着把我们的辎重运过山口。尽管有阿富汗卫队士兵协助，但等我们全部进

---

① Wakhjir，也译作瓦罕基里或瓦基里，古护密。（译者）

入中国境内的第一站，找到一块干爽地方和一些燃料准备宿营时，已经是深更半夜了。

塔格敦巴什帕米尔山顶是1900年我第一次踏上中国领土的地方，如今我又一次来到这里。离开高峻的山顶，沿着陡峭的山路走下来，听在山谷中游牧的萨尔库勒人[①]说，当地的冬季长达10个月，夏季仅有两个月。公元642年，玄奘久居印度返回唐朝时，也曾经过这里。以前我曾追寻玄奘的足迹参拜过许多佛教圣迹，现在则仍然是沿着他的足迹行进，只不过是目的地更加向东而已。

下山途中，根据当地人的讲述，我找到了一座废弃已久的石堡，这让我欣喜不已。当地流传着一个奇怪的传说，说是古代有一位王室公主，从中国前往波斯，路过此地，特建此堡以保平安。在一座陡峭荒凉的山岭上，我找到了那座传说中的堡垒。堡垒矗立在塔格敦巴什河一条深邃幽暗的河谷边。当地人现在称之为克孜库尔干，意为公主堡。公主堡在玄奘的时代就已经被废弃了很长时间。但是由于当地气候干燥，因此城堡的护城墙仍清晰可辨。护城墙用土坯和松树枝条相间垒砌而成。这种建筑方法，与由此地往东所有汉代长城及其边防军事建筑完全一致。

---

① 即今新疆的塔什库尔干人。（译者）

到达萨尔库勒首府塔什库尔干[1]，我再次探访了塔什库尔干古城。古城位于大片河谷草甸边的一块台地上，四周城墙用石块砌筑而成。古城中央的堡垒建筑已经坍塌，不过那里还有人居住，形成一个极小的村落。离开塔什库尔干，向东北方向行进，越过海拔15000英尺的齐齐克里克一带，沿途经过慕士塔格[2]大山，以及众多小山岭，便可到达喀什[3]。为了赶路，我们全然不顾沿途因冰雪融化河水暴涨的洪水威胁，以六天走完180英里的急行军速度前进。途中，我利用一切时间进行地形学和考古学方面的考察，最终确认我们所走的路线与玄奘当年所走的路线完全一致。

到达喀什后，我以客人的身份居住在我的老朋友——英国驻喀什代表马继业先生家里。在喀什，我终日忙于组织我的探险考察队，张罗购买骡马骆驼等繁杂事务。因为有马继业先生的帮助，有时候甚至完全仰仗他个人的力量，才使得我的探险考察活动最终得到当地官方的允许。不过马继业先生对我最为重要的帮助是介绍了一位名叫蒋师爷[4]的中国人做我的汉文秘书。我学习当地通行的维吾尔语一点也不困难，却苦于没有充足的闲暇时间来学习当地官方使用的汉语。

---

① 古蒲犁。(译者)

② 即帕米尔高原的冰山之父，也作慕士塔格阿塔或穆孜塔格阿塔。(译者)

③ 古疏勒。(译者)

④ 全名叫蒋孝琬。(译者)

蒋师爷不仅是一位优秀的知识分子和秘书，而且在我的个人学术兴趣方面，他也是一位不畏艰难的可靠助手，这一点对于我的探险考察而言极为重要。我粗略地跟蒋师爷学会说一些中国话之后（令我非常懊悔的是，我后来发现跟蒋师爷学到的只是一些很麻烦的湖南官话），便开始了我们的合作。在以后漫长而艰苦的旅程中，无论情形如何艰难，他那永远乐观的伙伴态度，常常使我疲惫的精神为之振奋。受过教育的中国人天生都对历史感兴趣。我们所从事的探险考察工作，对于他而言简直是如鱼得水。蒋师爷身材瘦长，是那种养尊处优一生不离衙门工作的秀才。对于荒野中的考古生活，他虽然一直觉得苦不堪言，但仍能怡然接受。这常常让我惊叹不已。另一方面，凡是我们在绿洲接受当地官员的款待，他对所有美好的东西又总有敏锐的鉴赏能力。蒋师爷十分健谈，他诙谐的谈吐，常常能振奋全队人员的精神。令人痛惜不已的是，这样一位我多年以来渴望永远拥有的精明能干而又忠实的中国同伴，现在竟然永远离开了人世。

6月23日，我们从喀什出发前往目的地和田。此行向东南沿商道要走14天。和田是塔克拉玛干沙漠南部一个最重要的绿洲区域。有史以来，和田的自然环境可能没有什么大的变化。第一次在和田进行探险考察，我就在它东北方遥远的沙漠深处发现了一处遗址，并在遗址中找到佛教时期的很多珍贵文物。我敢肯定，在那里依然有很多十分有趣的考古工作可以去

图14　护卫斯瓦特河谷的城堡

做，那里有无穷尽的资料等待发掘。从那以后，我一直渴望重返那里，做一次更大规模的考古发掘工作。由于夏季的沙漠酷热难当，沙漠遗址中的发掘工作必须在9月以后才能进行，所以9月之前，我只好把考察注意力转向地理勘测和其他方面的工作。

图15 从马拉坎特城堡北望斯瓦特河谷

我在繁荣兴盛的莎车停留了几天。塔里木河[①]从群山中奔腾而出，流到莎车，充分地发挥出河水的灌溉效用。离开莎车向南，我继续转向昆仑山行进。不久，当我们在一小片沙漠绿洲科克亚忙碌地工作时，我就已经收集到大量鲜为人知的巴克波人的体质人类学测量资料。我们使用的测量和照相器材对人

① 这里应为塔里木河主要支流之一叶尔羌河。(译者)

图16　自南向北行进在洛瓦雷峡谷

完全无害。然而巴克波人却以为我们要摄取他们的性命，于是纷纷从栖身的高山河谷中惊慌失措地四处逃散。虽然经历了一阵混乱，但我们的测量工作仍取得了出乎意料的成果。根据收集到的测量材料来看，这个小聚落的人们虽然像塔里木盆地其他绿洲居民一样讲维吾尔语，但是由于他们居住在深山之中，所处环境与四周隔绝，相对封闭，所以仍然保留有显著的欧罗巴人阿尔卑斯种型的体格特征。这个聚落所代表的人种，在

图17　从达尔阔特山口遥望自北向南延伸的巨大冰川

古代很可能广泛分布在和田及其以东的塔克拉玛干盆地南缘一带。有证据表明，就像现在阿姆河上游瓦罕、苏格尼斯[①]等地所使用的语言一样，他们原来使用的语言应该是东伊朗语。根据我们在和田沙漠遗址中发掘所得的文书材料来看，古代和田人使用的语言也属于这一语系。

① 古识匿。（译者）

我们取道昆仑山边远的一条小路进山进行地理勘测，直到7月底，我才到达和田。五年前，我进行第一次探险考察时，就把和田绿洲作为我最喜爱的考古基地。此次故地重游，我倍感欣慰。此外，让人感到快慰的，还有当地绅士和侨居此间的阿富汗商人朋友，以及当地按办所给予我的接待。由于得到中国官员的帮助，此后的四个星期里，我得以迅速出发，去做我感兴趣的工作，完成我1900年在和田南部昆仑山脉高海拔地区

图18　瓦罕吉里山谷中的阿姆河上游冰川

的剩余调查工作，即对和田两大河流之一的玉龙喀什河源头冰川做更为详细的地形学方面的考察与测绘。

沿着我1900年考察时发现的一条道路上行，不断翻越陡峭的山岭，我于8月中旬到达尼萨村。到达之后，我立即开始测绘从昆仑山分水岭上延伸下来的大冰川地图。这里气候极为寒冷，岩石分裂的现象随处可见。为了建立测量基点，我们爬上了险峻峭壁的顶端。从山岭上滚落下来的巨大石块几乎完全覆

图19　矗立在河岸边的塔什库尔干中国古城堡

盖了山谷中的冰川，冰川上覆盖的岩石层中夹杂有黑色的冰河砾石，远远望去，山谷的开阔地带犹如突然凝固的巨大黑暗波涛，令人惊心动魄。从冰瀑、冰川断裂塌陷形成窟窿等可以看出，这些巨大的岩石堆在以极为缓慢的速度稳定前进。这些地方显露出来的冰面几乎也完全是黑色的。在奥特鲁兀勒冰川考察时，我曾经在极端困难的情况下，从冰川口向上一直爬行到海拔16000英尺的高处，观察从远处海拔约23000英尺的雪峰

图20　公主堡西南侧城墙遗迹

上延伸下来的明亮冰雪带，而远处的雪峰却永远只能可望而不可即了。

冰河时代末期遗留下来的这些冰河化石遗迹近几千年来在不断地消逝，使得这一地区所有依赖冰川融水为基本水源的河流流量减少。假如这就是依靠这些河水灌溉的绿洲耕地减少的主要原因，那么，很可能正是由于昆仑山上覆盖了各大冰川的岩石堆积，对这一地区整体水量的减少产生了较大的影响。

图21　蒋师爷像

图22　来自和田的放逐犯人和喀让古塔格的塔格里克山民

在海拔13000英尺的高处，即我们所在的喀什库勒冰川下方约3英里处的尼萨村，可以清楚地看见巨大的冰川砾石堆积。不知从何时开始，由于严重的尘降，在这些远古时期就已经存在的冰川砾石上又堆积起一层厚厚的黄土。这种尘降，就是我们经常看到的，每当被风吹起便从沙漠里飘来的沙尘。只有在海拔12500英尺到13000英尺的高度，水分挥发才比昆仑山其

图23 科克亚的巴克波人

他地方多些，这里生长一些青草和高山植物，给人耳目一新的感觉。从这个高度向下，山谷中的荒凉气氛陡增，根本没有植被覆盖。这也告诉我们，这里的自然风化速度很快。昆仑山边缘那些锯齿形险峻山峰以及幽深的峡谷，完全是风蚀所致，它们明确地向我们展示着全部风化进程。

在这座寂静荒凉的大山深处，仅有的居民就是那些半游牧

图24　准备渡过阿姆河支流的阿富汗卫队

的山民，以及从和田绿洲放逐到这里的重刑囚犯。他们的总人数虽然还不到200人，但他们妨碍了我们的行程，其后果比这里恶劣的自然环境带来的影响还要严重。看来，人们称这里为“喀让古塔格”，意为黑盲山，是很有见地的。

第四章

首次沙漠探险

1900年12月，我的探险队第一次到达和田绿洲，并由此向北进入沙漠。这次探险使我获得了发掘沙漠遗址的最初经验，时至今日，这次探险所发生的一切仍使我记忆犹新。

昆仑山的前山地带离和田很近，喀拉喀什河和玉龙喀什河都发源其间。不过，这些山峦现在正被一年一次的特大沙尘暴所遮蔽。果园里的枝叶都被风暴一扫而光。肥沃的绿洲平原上满是烟雾弥漫的景象。绿洲经过几百年的垦殖灌溉，土坯建筑都变作了低矮的土堆。

和田古都城遗址在约特干。约特干位于喀拉喀什河和玉龙喀什河之间，在今和田城以西约7英里的地方。古代和田都城的佛像及佛教建筑物上面都贴有金叶，近些年来，挖掘出来的陶片、石器和钱币，都成了热销商品。

12月7日，我动身前往沙漠深处，准备在那里开始我的第一个冬季营地生活。沿着玉龙喀什河向北行进，经过三个埠头，曲折穿行在高大的沙丘之间，便来到北部最后一个突入沙漠的小绿洲塔瓦克勒。

我的向导吐尔迪是一个经验丰富的寻宝人，他带领我前往东北方向约60英里以外的沙漠遗址。此外，我还雇请了两个猎人帮助我们进行沙漠探险，一个名叫阿合买提·麦尔根，另一个叫卡斯木阿洪。他们惯于沙漠游猎，极能吃苦耐劳。临出发时，他们就发挥了很大作用，帮我召集了30多个民工一同前往沙漠遗址。

我自己有7只骆驼，又租用了12头毛驴，用以驮运全部行李和四个星期的粮草。用毛驴的好处是吃草料少，而骆驼则只需一些菜籽油。菜籽油对于维持骆驼体力有奇效。骆驼在沙漠中行走数天，无水无草，只需在第二天早晨喂一些菜籽油，它们便能够继续沙漠旅行。现在，我们骑乘的马匹已无用武之地，全部都被遣回了和田，我们只能步行前进。

12月12日，我带着探险工具和民工出发了。两天前，我就已派遣卡斯木阿洪带领一小队人马先行进入沙漠，沿途在可以宿营搭建帐篷的地方为大队人马挖好水井。他们留下的脚印则成了我们的路标。

刚进入沙漠，红柳和芦苇丛分布和生长茂盛，第二程开始便逐渐稀疏减少，以至于连一棵胡杨树都看不见了。好在每隔不远的距离就会出现一些圆锥形红柳包，上面生长有茂密的红柳树丛，红柳包中枯死的红柳根是很好的燃料。先遣小队为我们大队人马在红柳包附近的洼地中挖好了水井。但水井水量很小，而且在刚开始的头两天，井水的味道咸苦至极，无法饮用。但越往沙漠深处，离河道越远，井水却变得甘甜起来。

冬季是沙漠最寒冷的季节，但白天在沙漠里行进时气温还比较适宜。这个季节沙漠里很少有风，空气清新宜人。冬季来到沙漠深处，万籁寂静的大自然，令人精神振奋。

夜里，气温骤降，帐篷里面冷得像冰窟一般，我只好蜷缩在行军床上厚厚的毛毯里。我那条名叫尧勒其伯克的小猎狐犬也不知躲藏到哪里去了。

进入沙漠后的第四天傍晚，先遣小队有两人返回报告说，卡斯木阿洪他们找不到遗址的位置。其实，刚出发不久，向导吐尔迪就不断地告诉我，他怀疑先遣小队选择的路线稍微偏北了一些，不过他并没有极力劝阻我改变路线。现在猎人们无法找到前往目的地的道路，吐尔迪满是皱纹的脸上禁不住露出一丝得意的微笑。他与先遣小队回来的人简单交谈之后，就明白了先遣小队所在的地点，并让他们返回，按照他的指示带领先遣小队折向正确的路线。

吐尔迪有近30年的沙漠探险经验，带路对他来说易如反掌。第二天早晨，他带领我们沿着几座高大沙丘底部行进，来到一处有许多枯死树干耸立的地方。这些树干的出现，表明我们已经来到了一个古代文明区域。

我们在遗址区东南约1.5英里的一片洼地里掘井取水，安营扎寨。第二天早晨，在吐尔迪的带领下，我们向南走了约2英里，此时我发现自己已经置身于丹丹乌里克遗址了。

丹丹乌里克遗址南北长约1.5英里，东西宽约0.75英里，一些建筑遗迹零零落落地散布在低矮的沙丘之中。这些建筑遗迹面积都不大，但年代古老，因为大风吹开了掩埋它们的流沙，才显露出用树枝和灰泥做成的篱笆墙。每个建筑物的墙垣都建在框架结构的木柱之中，显露在外的建筑遗迹上都有寻宝人光顾过的痕迹。

吐尔迪对这里十分熟悉，在他的带领下，我们匆匆探察了一遍遗址，发现许多可以用来确定遗址性质和大致年代的线索。显露在地表的壁画依然完好，可以清楚地看出上面的人物是佛教菩萨。毫无疑问，这是一座佛寺遗址。在附近垃圾堆中发掘出土的中国古钱币上多刻有开元、天宝年号，据此即可确定这座遗址的年代。

吐尔迪从幼年开始便时常来到这里寻宝，惊人的记忆力使他能够立刻辨认出以前那些他和同伴们挖掘过的地方。不过吐尔迪他们以前并未全部掘开深埋在流沙中的古代建筑物，我于是组织所有人马立即开始发掘工作。

首先被清理出来的是一座四方形的小型居室建筑遗址。吐尔迪曾按照自己的方法找到过这样的房屋建筑，他称此为布特哈纳，意思是佛寺。佛寺内堆积的沙层仅有两三英尺厚，而且从未被扰动过。清理了几座类似的小佛寺之后，我对这种特别的佛寺建筑有了清楚的认识。这些佛寺都是四方形的小型房屋，四面修筑等距离的墙垣，形成环绕房屋的四角形通道，以便礼佛绕行。用树枝和灰泥作为建筑材料的篱笆墙面上一律装饰有壁画。从墙壁最低处残留的护壁来看，上面所画的大都是佛本生故事，或者是用作装饰纹饰的一列列千佛图案。墙壁上偶尔还残留有一些故事画，以及一些跪坐在大佛像前面的供养人画像。这类画面，大都画在墙壁较低处，所以能保留至今。此外，发掘过程中还不断出土大量泥塑小佛像、菩萨像以及飞天像等，这些塑像都是从墙壁高处掉落下来的。

在一些损坏较轻的佛寺小型居室建筑的中央，通常都有一个做工精美的塑像底座，底座上面原来立有大佛像。从底座上残留的佛像足部遗物，可以推断出佛像的大小。在几座佛寺遗址中，我在佛座底部还发现了几块木版画，它们是善男信女敬献佛像的供养物品。

我在一块木版画上发现了十分有趣的故事画：一个奇异的鼠头神。在玄奘关于和田的记载里，记述有一个鼠壤坟的故事，讲的是当地敬重老鼠和崇拜鼠王的风俗。据说，有一次匈奴人大举进攻和田，和田危在旦夕，幸得群鼠咬断匈奴人的马具，和田因而大败敌军，国家得以保全。

我后来发现的另一块木版画上面绘有一位中国公主，她是第一个把蚕种传到和田的人。相传，因为当时朝廷严禁蚕种外传，这位公主便偷偷地将蚕种藏在帽子里暗自携带出境。因为她的这一举动，和田举国尊奉她为神明，并在都城附近建造一座寺庙纪念她。

我探察过并要求仔细清理的建筑遗址大约有12座，其中有几座是小型佛寺。在这类佛寺内被沙土淤塞而保存完好的墙基角落里，我首先发现的是长条形纸质写本文书，接着又发现一小捆散乱的书页。我一眼就认出那是用古代婆罗米文书写的佛经文书。其中一部是印度北部佛教宗派用古印度梵文书写的经典，另外一部佛经文书的书写文字是当时和田通用的文字。

这些古代文书写本书写使用的字母字形，以及书法排列形式，显然都来自佛教的故乡印度。根据权威的研究，古代和田语是伊朗语的一个分支。

关于丹丹乌里克遗址的废弃年代，可以根据我们获得的文书写本来确定。在可能是佛寺的一些建筑遗址中，我们发掘出土了一些书写有婆罗米文字的小纸片，后来的研究证明，这些文书记录的是古代和田语材料，所记的大多是当地事务，如借据、法令等。这些文书所用的字母字体，以及书写的佛经内容大都属公元8世纪时期。

汉文文书是一些要求偿还债务、小额借款的字据，以及当地小官吏的行政报告等。这些文书上都写有确切的年号，从建中二年（公元781年）一直到贞元七年（公元791年）不等。汉文文书还称丹丹乌里克为“桀列”，其中记有一个名叫护国寺的寺院，寺院里有几个僧人向当地人放高利贷。从内容和记录的人名来看，僧人里有汉人，而借贷人和担保人都是当地人。但这些汉文文书重要的价值在于其记载的年号所具有的年代学意义。

丹丹乌里克遗址的废弃年代，与中国史书记载的唐朝于贞元七年（公元791年）前后失去对塔里木盆地控制权的历史事实十分吻合。唐朝在西域权威的衰落以及吐蕃人的进犯，导致和

图25　丹丹乌里克佛寺遗址过道残存的壁画

图26　丹丹乌里克佛寺遗址佛传故事壁画和北方守护神神像

田陷入一个混乱时期。这一政治大变动的影响，在绿洲变得非常严重。绿洲完全依靠灌溉系统来维持，而灌溉又必须要求稳固和谨慎的管理。

除发掘遗址外，我还调查了当地古代生活状况和其他相关情况。我仔细考察了在低矮沙漠之间发现的古代园林、道路、水渠等遗迹，基本弄清了这些绿洲基础设施的布局情况。通过调查，我还发现了贫民居住建筑遗址和垃圾场遗迹。

图27　丹丹乌里克佛寺遗址主殿佛像基座

遗址区的遗迹现象都说明，当年这片绿洲的废弃是渐进的，而不是传说的塔克拉玛干沙漠突然天降黄沙埋没古城所致。以前人们认为，自然环境的变化，进而导致古代绿洲突然荒漠化，古代城市突然被流沙掩埋，而这一切又都是瞬间发生的事。事实上，塔里木盆地广泛流传的索墩和果莫尔哈古城被流沙突然掩埋的故事，要比丹丹乌里克遗址的废弃早得多。

通过探察得知，丹丹乌里克的农田依靠若干条人工渠道引

图28　丹丹乌里克遗址出土的传丝公主木板画和鼠神木板画

水进行灌溉。这些人工渠道将策勒、达玛沟以及固拉哈玛等几条河流的河水引入南面距此地约40英里的乌宗塔提。乌宗塔提，即玄奘所说的媲摩，马可·波罗所说的培因。这些河水首先流入那一大片垃圾遍野的古代遗址区，然后再流进丹丹乌里克遗址区。这种状况至少持续了500年。对此，我的结论是，丹丹乌里克与媲摩的废弃，都是由于这两个突入沙漠中的绿洲居住地不能够再维持有效的灌溉。

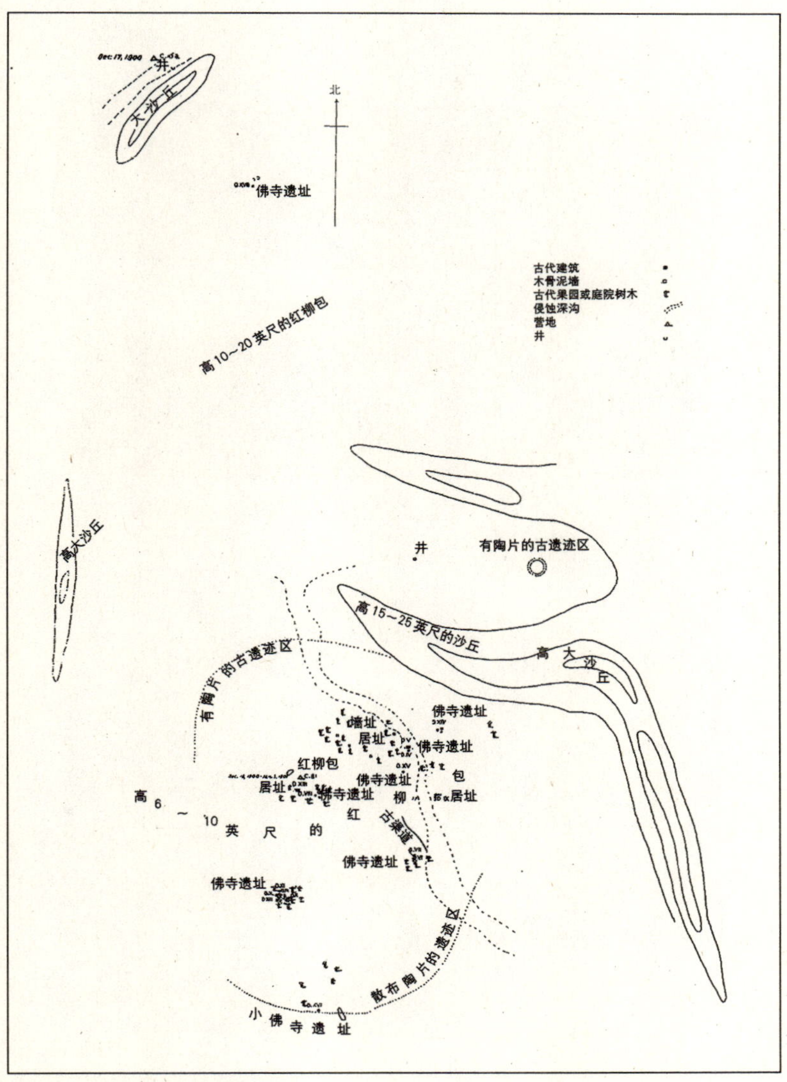

图 29　丹丹乌里克遗址平面图

图30　丹丹乌里克木板画（正面）

图31　丹丹乌里克遗址出土的波斯菩萨罗斯塔木板画（背面）

第五章

发掘尼雅遗址

在丹丹乌里克以南，离固拉哈玛、达玛沟两个村庄不远的沙漠里有不少遗址等待我去探察。当我们离开丹丹乌里克和其他沙漠遗址后，便径直向民丰[①]出发。

我们一路向东，翻越一道道沙梁，经过三天的艰难跋涉，才跌跌撞撞地到达克里雅河。时值隆冬，克里雅河水已经冻结成为冰面。克里雅河能够蜿蜒流经无数沙丘进入沙漠腹地而不消失，实在是一个奇迹。事实上，能够深入塔克拉玛干沙漠腹地的河流，也只有克里雅河。

我们骑马沿河上行，一直走了四天才终于到达克里雅[②]绿

① Niya，音译为尼雅。（译者）
② Keriya，即今于田。（译者）

洲。克里雅绿洲很大，是于田县城所在地。于田和蔼的县官热情地招待了我们。

刚到于田的第二天，我便得知民丰以北沙漠里有半埋在流沙中的古代房屋。经过多方打听，很多人都曾听说过与此相似的古城故事。在塔里木盆地，遗址无论大小，即便是最小的房子，人们一律称之为“阔纳沙”（即古城）。

鉴于这条线索的重要性，我决定1月18日出发前往民丰。我们沿着砾石地带整整走了四天，才到达民丰小绿洲。

到达民丰时，正值伊斯兰教斋月末期的拉马赞（即封斋）日子，我们只好白天停止活动封斋。虽然探险计划受到影响，但我还是获得了珍贵的遗址实物材料，这令我喜出望外。

那是两块带文字的木板。木板上的文字用佉卢文写成，而佉卢文是古代印度西北部使用的一种文字，与公元1世纪使用的文字十分相近。

一年前，一个叫伊布拉音的年轻人来到伊玛目·贾法尔·萨迪格大麻扎外沙漠古城的两间破房里寻宝，掏挖了半天，结果只找到了一些木板。他带走了6块，除去在路上扔掉的，其余都给了孩子们当玩具，现已不知所终。伊布拉音看到我重赏了那位拾到木板的村民，感到非常后悔与懊恼。

我不能放过如此好的机会，立即请伊布拉音做我探险队的向导。那天晚上，我一直端详着刚得到的简牍文书：曲折的字体，淡淡的墨迹。虽然当时不能释读，但要知道，握在我手里的文书是用一种古代印度字体写成的。

沿着尼雅河，我们一直走了三天才到达伊玛目·贾法尔·萨迪格大麻扎。这一大麻扎在当地非常著名，但我决定不在此地耽搁时间。沿途有一些为朝圣者设置的避阴建筑，是一种小型的清真寺。路边的一些大树上挂满着朝圣者供养的布块。继续往前走，是一座座用碎石堆成的奇异硝石丘，散布在露出白色盐碱的山坡坡面上。很快，我们就走到了河流的尽头，剩余的河水被一条小渠引入一个小湖泊中存储了起来。于是，我们用两个镀锌铁桶，以及临时制作的袋子和绳网装满冰块。我的探险队有四五十人，离开这里后将不再有水源，必须多准备一些冰块作饮用水储备。

走过麻扎[①]后，茂盛的红柳灌木丛和野生胡杨林带逐渐被一望无际的低矮沙丘所取代。沙丘上面仍然点缀着矮小的树丛和枝干卷曲变形的枯树。经过一个地势宽广的地方时，我们发现了一些陶器碎片，一道用芦苇束围成的篱笆，一排枯死的果树和白杨树。这些人类活动遗迹说明，我们所看到的是一处农庄遗址。随后，我们就找到了向导伊布拉音所说的那两间破房子。

这些古代房屋所在地，乍看起来好像是一块隆起的台地，后来我才慢慢弄明白，原来的房屋建筑都修建在黄土平地上，

① 即伊斯兰教墓地。（译者）

现在看到的台地是风蚀形成的。房屋建造的形式、使用的材料等与丹丹乌里克遗址的房屋完全一样，只是规模大了很多，木柱框架也精巧坚固得多。屋内满是沙土，我在一间居室遗址内找到一块精美的木片，上面雕刻的是希腊风格佛教装饰图案，由此进一步确定了这处遗址的年代比我之前见过的其他遗址都更为古老。

再向北行进了约2英里，经过一些高大的沙丘，有一座古代佛塔遗址，遗址有一半已经被掩埋在圆锥形沙丘中。我选择了一处适中的位置扎营，以便发掘散布在四周的古代遗址。营地离向导伊布拉音发现有字木板的地方也很近。第一天晚上，住在万籁俱寂的古人居住地上，我心潮澎湃，收获的期望与失望的忐忑不断交集，不知道伊布拉音所说的是否可靠，也不知道那里还有多少木牍文书等待我去发现。

第二天清晨，我急忙带领伊布拉音和发掘民工来到遗址所在位置。动身时，我内心的希望与忐忑再次交集在一起，令人心神不宁。但到达那里后，所有的不安都被一扫而光了。伊布拉音带领我们去的遗址离营地大约1英里，遗址位于一块高高的小台地上。才刚刚爬上斜坡，我一口气就捡到三块有字的木牍。这三块木牍混杂在一堆风蚀倒塌的木料里面。

登上台地顶部，令我更加惊喜不已，在一间建筑物室内，到处散落着木牍文书。这些木牍文书应该是伊布拉音一年前丢弃在这里的。

因为天气严寒，被成捆丢弃在背阴坡地上的木牍文书并没有损坏，但由于风吹日晒，最上层木牍的字迹已经部分受到了影响。幸运的是，在木牍被伊布拉音丢弃后不久，我便来到这里，发现了它们。

伊布拉音迅速找到了他以前挖掘木牍的地点。那是一个小居室的角落，位于这个建筑遗址北面房屋建筑的中间。当时，他用手刨开这间房屋里堆积的沙土，挖出了这些木牍。由于木牍不是他想要的东西，他一气之下便将这些原本按顺序摆放的木牍扔进了相邻的房间里。

我安排的第一件工作，就是要民工们把这间屋子清理干净。这间房屋不大，地面的沙土堆积也只有4英尺，清理起来比较容易。清理过程中，在原来的地面位置，以及炉灶旁边用作板凳的土台上，发现了24件木牍文书。在伊布拉音曾经掏挖的位置之外，发现了85件木牍文书。北厢房与这间房屋相邻的房间里也发现了不少木牍文书。第一天的发掘还未结束，我收获的珍贵文物数量就令人喜出望外。

这些木牍文书保存良好，很容易弄清它们的用途，以及它们外部封装形式的重要性。我那天获得的木牍，除少量是长方形，其余都是楔形。木牍的长度从7英寸至15英寸不等，原来显然是每两块拴系在一起。木牍的这种巧妙拴系方法如下：木牍正文都是用弯弯曲曲的佉卢文书写，读法从右向左，较长的部分则呈平行格式，写在木牍里面。外面的木牍有一道下陷的凹槽，槽内填有印泥并加盖有封印，由此证明它是用来做封套的。凹形槽旁边常常有很简单的记录，成单行，这应该是收件人地址或发信人的姓名。两块木牍紧密地拴系在一起，彼此可以相互保护，以防泄密。也正因为如此，我打开它们时里面的墨迹依然很清新，犹如昨天才书写上去的一样。

这些木牍文书虽然出自不同的作者，但它们的共同文字特点表明它们是佉卢文。佉卢文是贵霜王朝石刻通用的一种字体。因为在现在的旁遮普以及印度西部地区，贵霜王朝统治的时间是公元3世纪，所以，在没有进行任何细致的考古调查与研究之前，我就已经初步断定这些木牍文书的年代一定很古老，而且具有特别重要的价值。

那天的挖掘工作虽然很顺利，但是有一点还不够圆满。那就是，我的学术良知告诉我，当天的工作称不上是完全意义上的学术胜利。到达尼雅遗址的头一天，我就已收集到数百件佉卢文木牍文书。毫无疑问，这么大数量的文书，即使不能够胜过，至少也相当于以前世界各地所收藏的佉卢文木牍文书的总和。但是我所收集的这些木牍文书会不会都是同一种内容的复写本？会不会是祈祷词或是对佛经中某部分内容的重复性抄写？对此，我一时无法断定。

回到帐篷里，我立即挑出保存状况最好的几件木牍文书进行仔细研究。佉卢文字体弯曲，语义不定，识读特别困难。我以前研究佉卢文石刻碑文，对这方面已经多有了解，可谓是有心理准备。在这零下41度寒冷刺骨的夜晚，我裹着厚厚的皮大衣坐在帐篷里研究这些木牍文书，最终确定了两方面的重要认识：第一，根据已有的语言学研究成果，可以确定，文书使用的是一种古代印度俗语；第二，文字内容虽然相差很大，但是就已经开封的多数文书而言，大部分都使用同一种简单的起头格式。后来，我把这种起头格式试读出来，写的是“mahanuava maharaya lihati”（大王陛下敕书）几个字，使用这样的文字表达方式，当然只能是公文了。单就佉卢文而言，可以得出这样一个结论：一种古代印度方言曾经被移植到中亚这个遥远的地方，至少是统治阶层曾经使用过这种文字。尼雅遗址所在的地方是如此的封闭和不开化，而所有这些考古发现，将可能为我们提供一种全新真实的历史面貌。

当我继续清理南厢房的其他房间时，仍然心怀再找到一些木牍文书的希望。后来的发掘结果证明我的期望没有落空。有这样一处建筑，它是由一间很小的房屋和一间较大的房屋组成的。小间房屋好像是卧室，搭建的则像现在当地维吾尔民居建筑中的阿依旺。大房间有26英尺见方，三面各有一道隆起的灰泥平台。房间现存八根柱子，呈方形排列。与现代维吾尔民居一样，房间原来可能有一个隆起的屋顶用来通风采光。很快，我就弄清了各处建筑遗址的形制与功用。总的说来，它们与现在绿洲民居的基本形式、布局和功用非常相似。

由于年代久远，风蚀严重，遗址上那些用木料和灰泥建造的墙垣，除一些不完整的支柱外，大都已荡然无存。覆盖和保护这些遗迹的沙土也只有2英尺厚。虽然遗址毁坏严重，但可喜的是，我在那间客厅南边的土台上又找到了60多件木牍文书。这些木牍文书刚被发现时，有的被捆绑得很紧。显然，这是房屋主人准备带走，最后又不得已留下的。此外，从木牍文书放置的位置来看，有不少显然曾经被搬动过，时间大约就在房屋被废弃之后不久。比如，有些是在一张席子上找到的，这张席子应该是房屋中央屋顶的建筑材料；还有一些是在一个露天灶台旁边发现的，上面也覆盖着一张从屋顶掉下的席子。这些木牍文书之所以能够完好无损地保存下来，就得益于席子的掩盖。

就我所得到的这些木牍文书，以及它们在我之前未被寻宝人触动过的保存状况来看，这个大屋子原来很可能是官署。后来，经过研究弄清木牍文书的内容之后，我进一步明确了这些木牍文书的公文性质。这些木牍文书的大小、形状和规格等相差都很大。同时，我还发现了一些楔形木牍文书，但数量远不如方形木牍文书多。当然，方形木牍文书的内容和大小形式也不一样。方形木牍文书的字体基本上都排列得参差不齐，有些行列虽然短小，但还可以辨识，行末记有数字。此外，它们的书法也不统一，较为随意，从一些地方可以看出曾经刮削重写的痕迹。显然，这类木牍不是正式文书，也不可能是连贯的报告，而是备忘录、账簿、文书草稿以及随笔之类的东西。

从另外一个房间里得到的长方形木牍文书，形制规整、书写也相对比较整齐。虽然说发现时还不能够辨识它们，但是大体上可以分作两组。其中一组为直角长方形，长度从4英寸至16英寸不等，书写正文的木板两端高出一块，形成卡住上面盖板的凹槽。文书开始的一行，都写有一种很容易辨识的当地习惯用语“……年……月……日”。显然，这是一种有明确纪年的正规文书。另外一组，也是直角长方形，体积较小，木牍平整的一面很少有文字，另一面中间部位隆起，刻有方形或长方形的凹槽，槽内填有封泥并加盖封印，文书的侧面还写有一两行文字。我前面提及的垃圾堆是一个埋藏古代文物的宝藏，那里出土的同类型木牍文书同样表明，这些有封印的木牍是书信或公文的封套，用来安装在另外一件木牍凹槽之内，以保护书信或公文内容不被泄露。

出土大量木牍文书的这座建筑物遗址被流沙掩埋得并不很深，不能有效地保护较大的古代遗物。不过遗址本身的现存状况，却反映出当地环境以及古代建筑遗址受风蚀影响的程度。遗址位于一块小台地上，台地高出周围地面约15英尺，形成这种高差的原因就是风蚀作用。台地地面应该是建筑物使用时期的原始地面。在建筑物被废弃之后，强风长年累月地刮走地表沙土，而建筑遗迹以及其他遗迹所在地面因为有遗址的庇护，沙土得以保留下来，并与台地周围地表逐渐形成较大的高差。不过，古代建筑遗址所在的地面或多或少还是因风蚀而逐渐下陷。遗址前方较大的木料堆积，原本是一处古代建筑，现在因风蚀已完全倒塌。

在遗址区，又清理了两组古代建筑遗址群之后，对于风蚀对古代遗迹的危害，我有了更进一步的认识。在第一次清理的建筑遗址西北约0.5英里，有一块足有500平方英尺的地方，地面到处都是古代房屋建筑倒塌后残余木料堆积形成的小沙丘。沙丘仅有几英尺高。因为风蚀的影响，遗址的墙壁受损严重，房屋里几无东西保存下来。不过仔细清理之后，居然大有收获。

在遗址的一个单独房间里，堆积了1英尺深的流沙，清理之后，出土了大约50件木牍文书，以及捕鼠夹、靴子和熨斗之类的家用物品。但由于保存环境不佳，大多数木牍都已经残破不堪，表面泛白，字迹模糊，难以辨识。其他字迹清晰的木牍文书都已经严重弯曲变形。这些文书，记录的大多是人名和账目，由此可以判断它们是官方文书。

这里的流沙堆积较深，遗址大多被掩埋在沙土之下。我让人迅速清理出许多小房屋遗址，以便了解当地人的住房与牛圈等建筑的基本结构和布局。清理过程中，我在一间外室建筑内找到一个冰窖，冰窖里堆积着厚厚的古代杨树叶，用来覆盖冰块，至今保存完好。

离开第一处遗址，我们又清理了另外两处倒塌的古代房屋遗址，出土了一批性质更为复杂但也更为有趣的文物。一处遗址在东面，从它的规模和房间数量来看，其主人的社会地位一定很高。各个房间流沙掩埋的程度较深，因而保存状况良好。这处房屋遗址以其中央位置的大厅为显著特点。大厅长40英尺，宽20英尺，承架屋顶的大白杨木梁长40英尺。大房梁和安放房梁的斗拱一样，都有精美的雕刻纹饰。在一堵用石灰粉饰过的墙壁上，有用胶质染料绘制的大卷花形状的装饰图案。

大厅里干干净净，显然是后来的入住者或来访者收拾的结果。但是，我们在与大厅相邻的一个小房间内找到了非常有趣的古代文物，它们足以说明当时的工业和美术状况与发展水平。在出土的当地纺织品中，有一块漂亮的毛织品残片，上面织有细致的几何图案，与之相配的颜色自然和谐。最有价值的遗物，是在厨房里清理出来的残旧木器和在后面仓库里发现的弓箭、木盾之类的武器。

在遗址区更西南位置的一些大型房屋建筑遗址中，也出土了大量奇异的古代文物。在一个公署房间里，除了发现和出土一些有字的木牍，还有未使用的空白木牍和其他文房用具，以及在木牍上书写使用的红柳木笔和筷子等物品。更令人惊喜的是，在过道里清理出的一把保存完好的上半截六弦琴和一把雕刻精美的破靠椅。靠椅椅腿呈立狮状，扶手为希腊式怪物，构件都保存了原来鲜艳的色彩。

在遗址近旁，还有一座果园，果园的布局仍很清楚。裸露在地表的白杨树干有序地排列成小小的方形，甚至连林带边的小路都还依稀可辨。这种情况与现在的喀什和于田绿洲的农庄景象完全一样。我曾经多次在两道篱笆之间行走，那是一条古老的乡村小道，但是与现在的绿洲乡村道路几乎一样，甚至如同17世纪以前的欧洲乡村小道一样，每每引起我异样的思古幽情。恍惚间好像时间跨度突然消失，不知自己身在何处。我用手杖在篱笆墙脚的沙土中随便拨动翻弄，竟然找出许多白杨树和各种果树的枯叶。这些树叶，在各个遗址的每个角落，以及那些倒伏在地上的古树树干旁都很常见。发掘民工们都能辨认那些种植在道路旁边的杨树，或者遗址中的桃树、苹果树、李子树、杏树和桑树之类的果木。

从发掘清理情况来看，有一种情况是显而易见的，那就是尼雅遗址古代居室中所有有价值以及还可以继续使用的东西，如果不是被最后的居住者，就是在他们离去后不久被人收拾一空。鉴于这种情况，为了能够得到更多有价值的东西，我只有寄希望于垃圾堆了。这个希望很快便被来自垃圾堆大量可喜的收获所证实。

最早考察尼雅遗址北部地区时，我曾发现一处倒塌的古代建筑遗址。其中一处建筑遗址已经严重损毁，从外表来看，没有任何吸引人注意之处。不过就在那里，我发现了一些褪色的木牍暴露在沙土外面，稍加挖掘后，便获得了20多件木牍文书。其中有两件特别引人注意：一件是写有汉字的狭长木片，另一件是上面用佉卢文记载着年代的树皮。

这样的发现让我对这片遗址充满期待。不过未发掘前，对它西侧大半墙壁保存完好的房屋建筑内是否埋藏有丰富的古代文物，我仍然无从判断。等到系统发掘开始之后，露出一层层与各种废物混杂在一起的木牍文书时，我才看出，这是一个因多年连续使用堆积而成的古代垃圾堆。令人惊喜不已的还有，这个古代垃圾堆里居然出土了一些当时可能称之为“废纸”的珍贵文书。只不过因为杂乱堆积，年代序列稍显混乱而已。

从那个高出原地面4英尺的垃圾堆里，我总共清理出了200多件木牍文书。这些文书混杂在破碎的陶器、乱草、毡片、毛织物残片、零碎皮块，以及其他仍然发出恶臭的硬质废物层中。发掘时，东北风不时地从刚刚挖掘出来的垃圾堆中卷起阵阵轻尘，而我已经不再顾及一切不适，用冻僵了的手仔细地记录每一件有字迹的木牍文书。这可不是一件容易做的事，但是我必须把所有发掘出土的每一件文物和它们的原始出土位置仔细地记录下来。这种记录工作不容许出现任何差错，因为将来为这些文书建立年代顺序，以及要弄清楚这些文书内在的联系，就必须依靠现在所做的这些记录。我夜以继日地忙活了三天，饱受了古代垃圾堆尘土的气味。这些垃圾虽已经历时许多个世纪，但气味仍异常刺鼻。

文书的形制和用材复杂，保存状况良好。刚开始清理垃圾堆时，便出土了写在皮革上的完整佉卢文文书。那是一张长方形的制作精良的羊皮。这样的文书一共发现了24件，它们的大小虽不完全相同，但都以同样的形式卷成小卷。卷在内里皮面上的佉卢文书写得非常清楚，黑色的墨迹仍很清晰。每一件文书的开始部分，都使用官方的习惯格式，说明公文的来源。这是我唯一能够认识的文书内容，我还发现，文书的年月日期另外书写在文书下方，不过只有月和日。

出土的木牍文书中，许多还完整保存原来封印和用来捆绑木牍的细绳。更为有趣的是，有一些文书是书吏练习书法的习作。至此，我判断木牍是当时的主要文具之一。而且令人高兴的是，我也同时弄清楚了这类文书制作运用的所有技术。

楔形木牍只适合于短篇通讯。作为一种特别的形式，它们可能具有半官方的性质。那是一种用相互契合的两块木板合成的。两块木板的一端削成方形，另外一端削成逐渐向下收缩的尖形，尖端各钻有一个绳孔。文字写在底下那块木板光滑的内侧，其上加盖另外一块木板作为保护，类似于一种封套。如果书信内容过长，可以继续在上面那块木板的内里一面书写。上面那块木板，越靠近方形那头，厚度也逐渐变得越厚。其上隆起部位开凿有一个方槽，用以填塞封泥和加盖封印。

组装双木牍文书时，用一根两股的麻绳，采用巧妙的方法，首先穿过绳孔，然后拉向右手方头处紧紧地捆绑好。麻绳通过与印槽相同的沟槽，绑束成规整的十字形。而后再在印槽内填塞封泥，压住穿过其中的麻绳，再由发信人将其个人的封印加盖到封泥上。这样，在传送过程中或其他情况下，要想阅读文

图32　尼雅遗址南部全景图

书的内容，只有拆开木板，弄破封泥或剪断麻绳，因而有效防止了私拆书信的可能。

根据从垃圾堆中出土的木牍文书来看，长方形木牍文书的束缚和密封方法之精巧一点也不亚于前者。我在那堆垃圾中获得了许多完整的双板方形木牍文书，并随之弄清楚：原来，底下一块木牍较长，两头各高出一部分，中间形成一块凹槽；上面的一块木牍较短，恰好放入底下那块木牍的凹槽内。较短的木牍背面，中间部位隆起，并开凿有一个方形或长方形小凹槽，用以填加封泥和加盖封印。用一根麻绳通过槽沟把两块木牍束缚牢固，麻绳之上再填入封泥加盖封印。这样就防止了任何私自拆阅木牍内文的企图。这些双木牍文书出土时，有的封绳已经断裂，有些则完好如初。套封的两块木牍分离的情况可能有

两种原因，一种是原本已经打开，另一种是在被丢弃后再因一些外力作用而分开。

根据考古资料，这种巧妙的文书器具来自中国内地，而且传入的年代很早，非常古老。在这里，我还要再加一句：纸张发明于公元105年。此后的几个世纪，木质文书器具的使用逐渐衰落进而废弃。新的书写材料既然比前者更为方便，自然会流传到遥远的中亚，不过这个传播和流行过程比较缓慢，比如，尼雅遗址的废弃年代在公元3世纪下半叶，但我在那里的发掘竟没有发现一片纸。这就完全可以证明这种传播过程的缓慢。

就另外一个方面而言，从那些出土木牍文书至今仍然保存完好的封印来看，也存在着明显的西方文化影响的痕迹。并且，由此可以看出，西方古代美术文化向遥远的塔里木盆地传

图33　尼雅古代民居遗址（发掘前）

播的历史事实。在清理干净第一块发掘出土的完整封泥时，眼前的情景令我惊喜不已。那是一个手执盾牌和雷电的雅典娜的形象。我一眼就认了出来。毫无疑问，这是完完全全的古代希腊风格。另外一块封泥的图案也是希腊神像或其他形象的雅典娜。封泥上的印章也与公元1世纪希腊或罗马的美术作品风格完全一致。

好像存心要作为融合遥远西方与遥远东方文化的象征一样，我在尼雅遗址中找到一块密封的木牍文书，其封泥上并排压盖了两个封印。一个封印的图案是中国篆字，文字内容说

图34　尼雅古代建筑遗址中的垃圾堆

明那是管理古代鄯善行政区（现在的罗布泊地区）长官的印信；另一个封印的图案为一个人头，显然是按照西方古典样式刻制的。

我在尼雅遗址得到的佉卢文文书所记载的内容，涵盖当地的经济形态和政治情形，以及种族文化等。根据我的初步研究，大部分文书是各种类型的公文，其中不少是地方官的报告及其接收到的命令。这一类文书所涉及的，大多是申诉书、传票、护照（路引）、海捕文书以及地方管理和社会秩序的有关文书。当然，也有一些私人书信。至于付款凭证、请求文书、账

图35　尼雅最早出土木质文书的古代房屋遗址

目、工人名单等杂项，则通常写在不规则的单块木板上，每行之后一般还缀有数目字。

我获得的佉卢文文书都使用一种古代印度俗语书写。不过，其中也掺杂有大量的古印度雅语名词。我有理由认为，这种佉卢文不仅字体，就连语言的出处都是现在旁遮普及印度西北部地区和邻近外印度河一带。

文书中，我们时常见到“Khotan”这一名称，其形式与现在通用的称呼几乎完全一样。不过，这一名称有时也作“瞿萨旦那”，意为“地乳”。在书信文书中还可以找到其他一些诸如

图36　尼雅遗址佉卢文木简封泥上的凹雕印戳印记

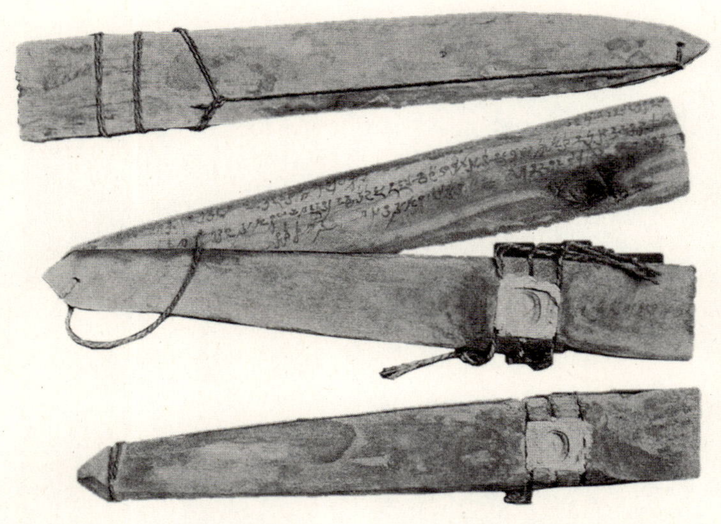

图37　尼雅遗址出土的佉卢文木简

“尼雅”“且末”之类的古代地名。在这些地名里，我最后确定“Chadota”就是现在的尼雅遗址，也就是古代中国所称的“精绝”。根据《汉书》记载，精绝是和田东边的一个小地方，正好与尼雅遗址所在位置相吻合。

不过，最确切无疑的证据，仍是汉文木简。这样的木简，我在垃圾堆中收集到40多枚。这些文书都是官方文件，记录的大都是关于逮捕某些人，或者准许某些人通过关卡的官方命令之类的公文。文书中提到的塔里木盆地以及中国古代其他地

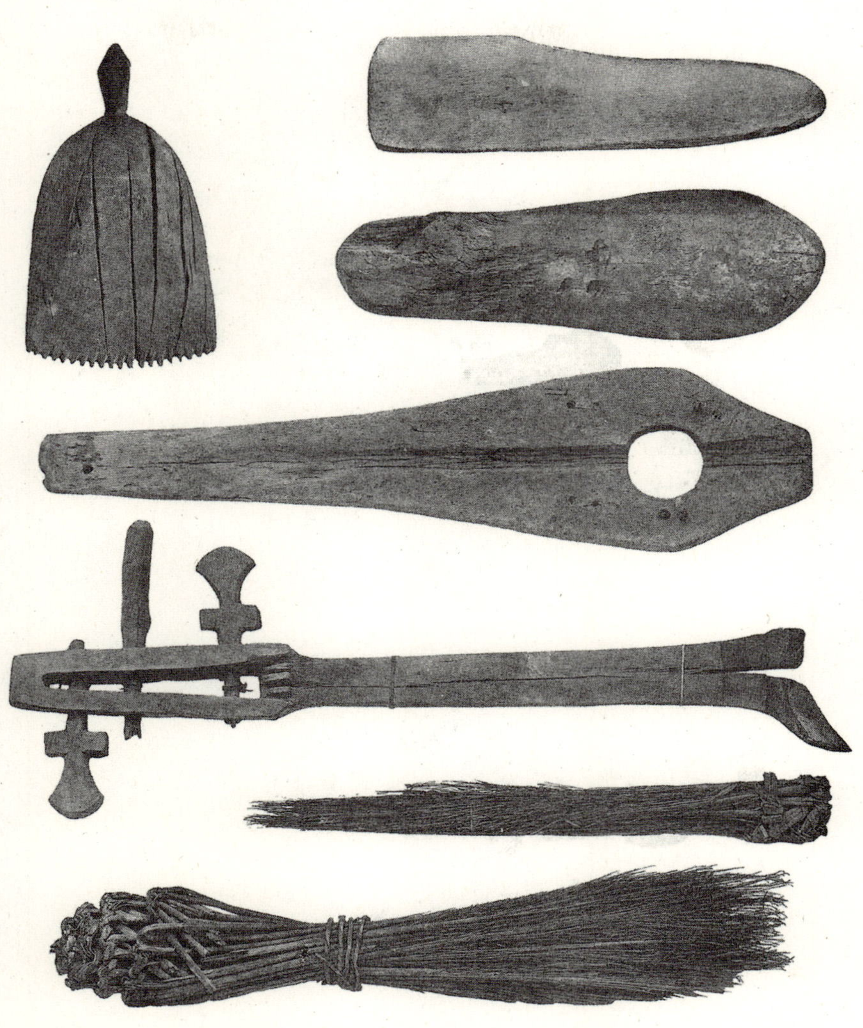

图38 尼雅遗址出土的各种器具

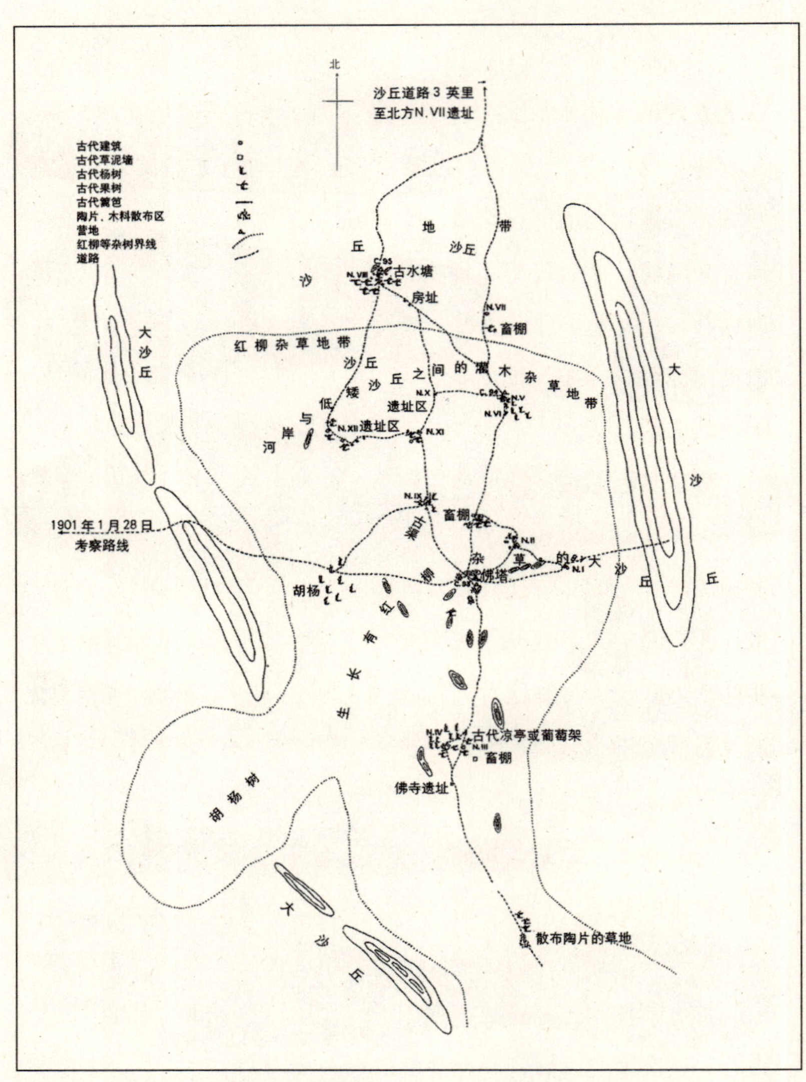

图39　尼雅河以远古代遗址分布平面图

方，都很有历史趣味。

这些汉文文书中，最让我感兴趣的是由法国汉学家布什尔首先发现的一枚木简。木简确切地记载有晋武帝泰始五年（公元269年）的年号。据史书记载，晋武帝时期，中国重新经营西域，其声威在西域延续数十年不减。晋武帝以后，尼雅遗址还有人居住，并且经历了很长时期。不难相信，军队从这里撤退之际，当地的政治和经济形势一定会发生很大的动乱。尼雅遗址的废弃，很有可能就与西晋军队的这次大撤离有着直接或间接的关系。

清理北面遗址区的那些房屋遗址，除一些美丽木刻建筑构件外，并未发现其他新奇之物。我心里十分清楚，在那些还未发掘的沙丘下面一定还隐藏着许多雕刻精美的建筑构件。在这里，我连续工作了16天，疲倦至极。这时我听说在尼雅遗址东西两个方向都还有其他古代遗址，心思已经游弋而去。而且沙漠风暴季节不久就要来临，再深入沙漠遗址进行考古发掘工作便不再可能，于是我们便停止了发掘。

1901年2月13日，我带领探险队撤离这块给我带来许多欢乐与刺激的遗址，恋恋不舍地返回。即将走完沙漠地带回到尼雅河尽头时，我们偶然又碰到一个房屋遗址，来时由于走得匆忙，加上周围沙丘的遮挡，所以没有发现。这件事，让我下定决心，这次回去以后，一定要尽快再次返回来。

第六章

重返尼雅遗址

1901年2月，离开尼雅河尽头以远沙漠深处的遗址时，我就企望能够再来探险。1906年夏末，我带领探险队再次来到和田，认真准备，重返尼雅遗址大干一场。

在准备期间，我常常想，如果能够从空中搜寻沙漠深处那些隐藏在巨大沙丘之后的古代遗址，对我的探险一定会有很大帮助。但受各方面条件的限制，无论是使用风筝还是载人气球，都无法实现。那时，人类虽然已经发明了飞机，但是也不可能用于实际考察。所以，我只能等待夏季结束后，就立即派出我的向导伊布拉音前往各地寻找我以前不知道的古代遗址。

在和田与于田之间的达玛沟做完短期的考古发掘之后，1906年10月15日，我再次来到尼雅绿洲。从伊布拉音的汇报得知，他的搜寻结果收获很大。同样让我感到欣慰的是，那些上次曾随我到尼雅遗址发掘的民工又都应招回来了。这次我准备携带充足的用水，招募尽可能多的民工前往尼雅遗址。由于有我上次雇用的那些民工现身说法，以及伊布拉音伯克在当地的影响力，我们在一天内竟然召集了50个民工，备足了四个星期的粮草，增加了一些骆驼。

我的探险队在尼雅河干涸河道两旁的茂密胡杨林里匆匆行进了三天。秋日里，胡杨树叶和芦苇那火一般浓烈的色彩，令人心旷神怡。从伊玛目·贾法尔·萨迪格大麻扎朝圣归来的香客与尼雅河沿岸的景色相配恰如图画一般，给这里原本寂静的原野增添了不少人世的趣味。我们在距离大麻扎还有几英里的河道里，把所有的水桶和羊皮水袋都装满了水，然后决然向北进入沙漠深处。两天后，我又一次在距离遗址中央不远的地方安营扎寨。

第二次进入尼雅遗址时我所选择的路线，与第一次有所不同。这次途经的古代遗迹更多些，沿途看到多处大片倒塌的古代居住建筑遗址，以及一些环绕古代果园的篱笆墙遗迹。那些早已枯死卷曲的果树、白杨树，当年欣欣向荣地生长之时，也正是罗马帝耀武扬威无比荣耀之时。时过境迁，我置身于如此遥远的古老遗迹中，浮想联翩，感慨不已。我在一间残破不堪的小屋内稍做了一下搜寻，便发现了一些保存良好的佉卢文木牍文书。如此美好的开始给了我极大的鼓舞，并且也证实这片区域虽然向南距离我第一次发掘的遗址足有4英里，但是出土文物的性质相同，因而遗址年代也应该同属一个很古老的时期。

第一天傍晚，我在暮色朦胧中漫步走过高大的沙丘，来到一处遗址。1901年那次发掘时我就已经看到过它，因为一些不可名状的理由，我放弃了对它的发掘。现在，我又来到这里，看见一根雕刻精美的臂柱就横躺在遗址上，上面覆盖着一层薄薄的流沙。此刻，我感觉自己好像从未离开过这里。不过，此时我还完全没有料想到，一座巨大的考古学宝藏，就在离我咫尺的地方。

第二天一早，我就带领民工走过荒凉的沙丘地带，来到我们上次发掘过的遗址区西面约2英里的地方，那里是一大片房屋建筑遗址。我们在这片遗址的最北面开始了新一轮的发掘。上次由于高大沙丘的遮挡，这些古代建筑遗迹未被我们发现。显然，这里属于这片古代绿洲西北部地区边缘延长地带，当时应该有一条人工渠道通向尼雅河终点引水灌溉。

我们首先清理的是一处小房屋建筑遗址，流沙堆积不过三四英尺深。之所以选择这样一个遗址，是为了让我的印度助手拉姆·辛格[①]和其他新招募来的民工练习挖掘。对于没有做过沙漠发掘的新手而言，这个小遗址是非常合适的练兵场所。遗址周围因为风蚀形成较低的洼地，而遗址所在地也因风蚀变

① 斯坦因第二次考古探险（1906—1908年）的印度助手名叫拉姆·辛格，第三次考古探险（1913—1916年）的印度助手名叫拉尔·辛格。（译者）

成一块狭长的舌形台地，台地与一条渠道相连。在遗址西侧居室内靠近地面的地方，发掘出土了一些佉卢文木牍文书。看到我现场奖赏那些首先发现木牍文书的民工几块中国银币之后，其他三间居室很快也相继发掘出土了佉卢文公文和书信文书。这样的发掘速度和出土木牍文书数量让我大为满意。这些木牍文书大概是最后居住在这里的一个小官吏丢弃的，时间大约在公元3世纪中叶。

令人惊喜的事接连不断。出土物中有一些长方形、楔形木牍文书，它们原来的密封麻绳依然完好如故，几件木牍文书的封泥封印也还基本保存完整。封泥上面压印出来的图案是赫拉克勒斯神像，还有一个似乎是罗马尼的像。这些图案，都是加盖古代印章之后留在封泥上面的痕迹（残件图）。眼看着这些珍贵文物不断地出土，我兴奋的心情难以言表。在荒凉的沙漠遗址中，与古希腊、古罗马的精美艺术品共处一处，时间和空间的历史距离好像忽然间消失了一般。这种确实的历史联系和时空感受，使我长时间处于精神亢奋状态。

这处遗址出土的家具和农具全部都是木制的。这些东西对于我来说已经很熟悉。木制器物有：一把雕刻精美的古希腊风格木椅和织布机、靴楦、大食盘、捕鼠夹，等等。由于有第一次探险考察的经验，对于这些出土文物的功用性质，我一眼就能辨识出来。此外，还出土了制作精美的木柱以及用柳树枝条编织再用灰泥涂抹的木骨泥墙（篱笆墙）。

我们的第二步发掘工作是清理营地附近一处规模较大的建筑遗址。这个遗址中，大部分居室建筑内的东西现在都已经腐蚀殆尽，只剩下一些褪色破裂的大木柱耸立在那里，标示着房屋建筑原来的木框架结构形式。不过，我的运气依然很好，在一间形状像门房或厩房的建筑底下，发现了巨大的古代垃圾堆。根据以前的经验，我们完全有必要立即发掘这种臭气熏天的地方。虽然时间已经过去了1700多年，这个垃圾堆仍发散出刺鼻的臭味。发掘时恰巧又刮着东风，于是千年的尘土与恶臭混杂在一起，不断地迎面扑来。大家强忍着折磨，一层一层地掘开垃圾堆。在挖到7英尺深的时候，出土了一个原来大概是用来盛垃圾的小木箱，里面装有许多稀奇古怪的杂物，如用丝、棉和毛混合织成的纺织品，铜印章和骨印章、木笔、漆器残片和其他残破的木制用具等。

最令人高兴的是，发现了12枚书法精美的汉文木简。根据沙畹[①]先生后来的考证，这些文书中，大部分是礼品清单和书信，是专门附带在给当地长官家族赠送的礼物上面的。其中一件文书是写给当地长官夫人的。《汉书》记载，精绝国位于且末与克里雅之间。根据上述文书内容，我们断定，尼雅遗址古代属于精绝国的行政区划。在木箱底部，我还找到了捆成一束

① 即埃玛纽埃尔-爱德华·沙畹(1865—1918)，是近代以来最有成就的汉学大师之一，公认的“欧洲汉学泰斗”，是最早整理研究敦煌和新疆文物的学者之一，被视为法国敦煌学研究的先驱者。(译者)

保存完好的谷物，谷物旁边有两具老鼠干尸。

接下来，我们发掘的是一处受破坏严重的古代建筑物。很早以前，这里应该是当地一位重要人物的住所。因为这个建筑物中厅堂很大，长41英尺，宽35英尺。后来再次来这片遗址区域考察时，在遗址区西南面发现一块平坦地面，地面上到处散布着破碎的陶片和其他硬质物品残片。这样的地方，当年一定是一处房屋稠密的地点，所有房屋很可能都是用土坯之类容易被风蚀破坏的材料砌筑而成的（就像现在这一地区平常人家使用土坯建造房屋那样），所以不能像富裕人家使用木材和红柳枝条建造的房屋那样，能够持久地抵挡风沙的侵蚀。

随后，为了寻找遗址南面的古代居住建筑遗址，我们前后忙碌了好几天。调查发现，有些建筑物已经残破得异常严重，其他一些保存相对完好的建筑物大多被掩埋在堆积得很厚的流沙中，清理起来很费工夫。在每一个房屋建筑遗址中，几乎都发现有书信、账簿、草稿、杂记一类的佉卢文木牍文书。此外，还出土了不少反映当地日常生活以及流行工艺的木质刻花建筑构件和家具。在这个东方小庞贝古城中，最后的居民虽然没有留下多少有实在价值的东西，然而他们遗弃的物品已足以说明，他们的生活在当时一定非常安逸。许多居室中都有火炉、舒适的炕床、木制碗柜等。房屋附近几乎一律都有围着篱笆墙的花园，以及两旁种着白杨树和果树的林荫道。因为有沙丘保护，果园中那些早已枯死的桑树至今依然挺立在那里，有些枯树高达12英尺。

每次进入沙漠遗址，四周茫茫沙海的那种绝对荒凉空阔的景象都使我感到迷惘。遗址区距离有红柳生长的地方也很远。眼前的黄沙漫无边际地铺展开去，犹如汪洋大海一般。沙丘像波涛一样连绵起伏，浩瀚无边，让人感到窒息。遗址区内，那些枯树树干、残垣断壁以及成行成列排列的枯朽木柱，在沙丘顶上时隐时现，成为这片荒凉之地的奇特点缀。这种奇异的景象，常常使人联想到波涛翻滚的大海中那些只剩下龙骨桅杆的沉船。在这个季节里，就连徐徐清风带来的也是那种海风般的沉静和苍凉。

我们在这里整整进行了14天的考古发掘，获得了大量的出土文物。在遗址区西面一群残破的建筑遗址中，我们清理出了一个规模较大的房屋。在遗址的中央大厅旁边，出土了雕刻精美的建筑构件残片，这表明，当年居住在这里的人一定很富有。在另外一间像是会客室的房间里，又出土了佉卢文木牍文书，其中一件足有3英尺长，可见其主人应该是一位重要的官吏。

在中央大厅隔壁的一间窄小房间内，我们发现了一些整齐排列的书架。那一瞬间，我就意识到，我们已经进入了主人的书房，从而认定会有更多有价值的东西将被发现。我的预感很快便得到了证实。仅仅一小会工夫，出土的木牍文书数量便已超过100件。这些木牍文书，大多都是用来传达命令的楔形文书，当然也有方形木牍文书。文书性质主要是账簿、目录，以及年代被颠倒乱用的公文。很显然，我们发现的是倒在地上的公文架。由于流沙堆积的深度有五六英尺，所以这些木牍文书都保存得非常完好。在随后继续进行的清理过程中，我的老队员中经验最丰富的挖掘民工罗斯坦居然又有了奇异的新发现。

在刚开始清理这间房屋建筑遗址时，我就曾注意到靠近墙根的地方有一大堆泥土。罗斯坦就是在那个土堆里发现了大量成捆的木牍文书。当时我没有让民工去动它，以为那里面不会有什么重要的东西。偶然间，我看到罗斯坦用两只手在掏挖那个土堆，还未等到我发话，就已经看见他从土堆和墙壁之间抽出一件保存完好的楔形双板木牍文书。正当我惊讶之时，他又从深约6英寸的沙土里拽出一件完整的长方形双板木牍文书。两块木牍上的封泥完好无损，封套还未曾打开。把洞口挖大之后，我看见在墙壁与墙基以下的部位全是捆绑得很紧的一层层木牍文书。

很明显，我们找到了一处隐藏着的档案库。我对这样一个有趣的发现十分满意。因为除了文书本身的价值和非常完善的保存状况，发现时的情景，更能够给我们提供有价值的指示。除去少许例外，最后到结束时，我获得的长方形木牍文书共36件，密封用的捆绑麻绳都依然完好，封泥也完整地保留在封套上，说明文书并未被打开过。基于以前对这类文书的研究，我曾做出过这样的假设，即这类木牍文书都是契约、合同这一方面性质的文书，它们之所以密封保存，为的是在一旦需要时可以保证文书的确实可靠性。现在发现的这个文书档案库，证实了我的假设。

特别值得一提的是，有两件拆封的木牍文书被研究证明是写给“神与人喜见的尊贵的科者波苏甲伽”的信。以前我发掘出土的文书中也有许多使用这种名称。根据罗斯坦的推测，这个土堆的本来作用，就是收藏和保护这些遗留下来的文书，同时也是为以后需要取用所设的标记。我非常赞同这一看法，这样的收藏保护方法也表明，文书的主人是出于意外的原因被迫仓促离开这里，然而仍然怀有回来的希望。

主人搬迁的时候一定小心谨慎，以免损坏木牍文书的封泥和封绳，其中有一件木牍文书的封泥上加盖了三个封印。夜幕降临，返回帐篷之后，我继续小心清理这些出土文书。清理发

图40　尼雅遗址中沙土掩埋的废墟

图41　从西南望尼雅遗址的 N.XLII 居址（发掘前）

现，几乎所有的封印都如同新近加盖的一般，封印的图案中很大一部分是古希腊宙斯的形象。此外还有身围狮皮、手持棍棒的赫拉克勒斯、伊罗斯、普洛马科斯，以及一些身着甲胄的半身像形象。令人称奇的是，古代希腊刻印工人的精湛技术居然传播到了遥远中亚的沙漠腹地。细究起来，这份已经被流沙掩埋了近1700多年的关于这片土地和其他财产的苏甲伽文书，现在已归我所有。

后来，我们的发掘工作逐渐向遗址区南面转移。这里虽然还有一些红柳丛存活，但是整体环境条件反而更加恶劣，到处都是顶部长着半死半活的红柳丛的密集的大沙丘。我们就在这些沙丘之间寻找古代遗迹。我们找到的古代遗址都在沙丘边缘，而这些地方又有很深的风蚀洼地。这几种景观综合起来，构成一幅奇异荒寂的景象。不断吹过的东北风刮起一阵阵尘雾，给这种环境添加了生气。最后，我们来到遗址区最南端，找到一块空旷的地方，又发现了一些新的遗址。至此，我那一直高悬着的心放了下来。这里的遗址都不大，不过在进行一次细致的调查之后，发现许多有趣之处。

离我这一次发现佉卢文文书所在遗址约60码[①]远的地方，有一块耸立着许多枯死桑树的方形地块。这些古老桑树的树干至今仍高达10英尺以上。它的旁边，从前曾经是绿荫笼罩的池塘。现在池塘还在，只不过已经变成了一片洼地。我判断，古

图42　尼雅遗址中的房屋（发掘中）

① 英制长度单位，1码=0.9144米。（译者）

图43　尼雅遗址中的房屋（发掘后）

时水流入池塘的渠道离此处不会太远。一番搜寻之后，在西面最近的一座红柳丛覆盖的大沙丘后面，发现了一座长约90英尺的矮桥横跨在一条干涸的河床上。矮桥底下，两个清晰可辨的桥墩仍挺立在那里。古河床左岸有一个已经遭受严重侵蚀的果园遗址。我还可以看出河床向西北方向蜿蜒而去的遗迹。河床的可见长度达2英里以上，已经满覆黄沙。不过，河床来到我们所在的位置时，又出现在低矮的沙丘与灌木丛之间。纵观周围环境，我们发现的地点无疑是一个断层地带。

尼雅遗址为何发生如此重大的变故？我能找到的答案，就在离小桥不远一片被高大沙丘环绕的风蚀低地之中。那是一处保存良好的果园遗址，果园里各种果树与葡萄架都排列得十分整齐。它们虽然已经枯死了16个世纪，但布局模样仍清晰可辨。

图44　尼雅遗址附近古代果园里枯死的桑树

图45　尼雅遗址出土的家具和日常用品（公元3世纪）

第七章

发掘米兰遗址

1906年12月初，我就已经到达了若羌绿洲。若羌虽然只是一个小村庄，却是县城所在地。若羌境内地广人稀，全县人口不过500户，其中还包括半游牧半渔猎的罗布人在内。若羌东北部为干涸盐泽湖床，以及史前时期海洋最后的残余罗布泊。塔里木河水注入罗布泊，而这个大盆地也因这条河流而得名。

这里现在的名称叫罗布。公元13世纪末，马可·波罗前往中国途中，在横越罗布泊沙漠之前，曾经路过这里。这里虽然土地贫瘠，耕种有限，物产稀缺，但因从河西走廊进入西域首先必须路经这里，因此，在中国古代历史上，这里的地位十分重要。从《汉书》开始，中国的历史文献，诸朝史书无不提及此地。这里起初称楼兰，后来改称鄯善。

公元645年，玄奘从印度返回唐朝时，若羌绿洲即已成为罗布的重要地区。这里曾经有过长期的屯垦历史，也有废弃一段时间之后复垦的历史过程，所以遗留下来的考古学意义上的古代文物并不多。即便如此，若羌绿洲对我来说仍很重要，因为我的楼兰遗址探险计划的准备工作，只能在这里进行。

这里，先简述米兰遗址的发现与发掘经过。

1906年10月7日，我从若羌绿洲出发前往罗布泊沙漠。首先，我到达了米兰。在做了一次短促的发掘之后，我就意识到了米兰遗址的重要性。米兰遗址位于若羌县城东北约50英里，所在地极为荒凉——处于一片从昆仑山逶迤延伸下来一直到达罗布泊湖盆西端的砾石戈壁尽头。罗布泊湖水在很长的历史时期曾大为减少，一度缩减到米兰遗址北面。

这里有一条名叫加罕萨依的小河，河水以前曾被用来灌溉米兰遗址所在的整个区域，而今只能流入遗址所在区域几英里。在靠近河岸的地方，来自塔里木河下游的阿布旦人开垦出一片小绿洲，一面种植小麦，一面靠打鱼为生。我们到达那里的季节，正值阿布旦人迁移去了别处。在河道狭窄处，我们找到了一些干枯的芦苇、胡杨树枯叶和带刺灌木的树叶，作为骆驼和马匹的草料。在那里，因为有河流存在，我们不必考虑从其他地方运送生活用水。但是，连续三个星期在刺骨的寒风中进行艰苦的发掘工作，除了我那聪明机智而又老练的中国秘书蒋师爷，所有人员都无一例外地病倒了，这一经历让我们终身难忘。

我站在一座已经完全倒塌的佛塔顶部，仔细观察了一遍遗址，由此初步确定，我所处的是一座佛塔遗址，寻宝人曾经挖掘了一条地道进入佛塔内部。站在这座佛塔遗址的顶部观察其他遗址的情况非常清楚方便，这里的其他遗址全都稀稀落落地散布在东面宽广平坦的细石沙滩上，好像大海中星罗棋布的岛屿一般。我的向导托合塔阿洪所说的米兰遗址区域的主要遗址建筑——古城堡显得非常庄严雄伟。当我走近它，满怀热情地爬上西面较高的残墙，看清遗址的建筑结构时，才知道这是一处年代较晚的古代遗迹。这令我大失所望。

在东墙内侧，沿着墙垣进行试掘的结果是一无所获。不过，清理显露出来的一些房间似乎暗示这里仍有一座富饶的矿藏。那些房间内堆满了灰土和垃圾。开始发掘垃圾堆后不久，便陆续出土了写有吐蕃文的木片和纸张。在这些垃圾堆中，第一天发掘出土的古代文书共约200件，同时出土的还有大量残破不堪的各种器具、布片和兵器等。从出土物可以判断出，这些既富于考古学价值和趣味，又极为肮脏污秽的垃圾堆，是在吐蕃人占据时期堆积起来的。据《唐书》记载，吐蕃人占据此地的时间是在公元8世纪至9世纪之间。

第二天早晨，我让人发掘东北方向离此地约1.5英里的一座佛寺遗址。遗址仅保存下来佛寺的基础部分，佛寺残存墙基破碎的表面上仍保留有石膏浮雕装饰图案。根据石膏雕塑残片

图46　米兰遗址佛寺基址（东北部）

风格，我断定佛寺的年代要远远早于吐蕃人的古城建筑。经过细致考察研究，我基本确定，米兰遗址是一处非常古老的遗址，一度被废弃过，后又被重新占据和使用。这种情况与位于尼雅和且末之间的安迪尔遗址情形大致相同。

像这种可能蕴藏有重大考古发现的遗址，在没有发掘清理干净之前，即便是离开片刻，我都感到很不踏实。由于一些客观原因，尤其是气候原因，发掘工作不得不被迫停止。直到

图47　民工们在揭取米兰遗址佛寺壁画

1907年1月23日，我才再次返回米兰遗址，继续发掘清理吐蕃古城遗址的工作。

对吐蕃古城遗址的初次发掘，便极大满足了我们的期望。在一些建筑遗址的炉灶内，清理出了许多草席、破布和各种器具等，其中许多木板和纸片上都写有吐蕃文，它们大都已残破不堪。我们还在一间小屋子里清理出土了100多件吐蕃文书。

发掘期间，寒风凛冽，终日不息，令我无法专心研究出土

图48　民工们在捆扎从米兰遗址佛寺揭取下来的壁画

文物。我大部分时间都站在米兰古城东城墙的顶部，观察遗址区内各个发掘点的发掘进展情况，深刻感受到被寒风侵袭的痛苦。古城东南角以及附近倒塌的建筑，受到了严重的侵蚀，清理出来的两间大屋子里塞满了垃圾和大量古代文书。

发掘结束时，我在米兰古城遗址获得的木简和纸质文书达1000多件，研究结果表明，这些吐蕃文书的内容除佛教经典外，大都是一些琐碎的公文文书，但是它们反映出来的情况却很重

图49　发掘清理后的米兰吐蕃城堡遗址（东南部）

要。例如，有报告文书、请求文书、契约等门类，使用的语言为日常生活用语。出土的吐蕃文书中以佛经的数量最为丰富，涉及古代吐蕃人日常生活情况的极少，因而那些门类繁杂的公文文书便显得格外有趣和重要。从这些文书中，我们可以大致了解塔里木盆地被吐蕃人统治长达近一个世纪的情况。佛经之外的文书大多都以军事内容为主，涉及边陲屯戍需要粮草、求援和军队调动等。

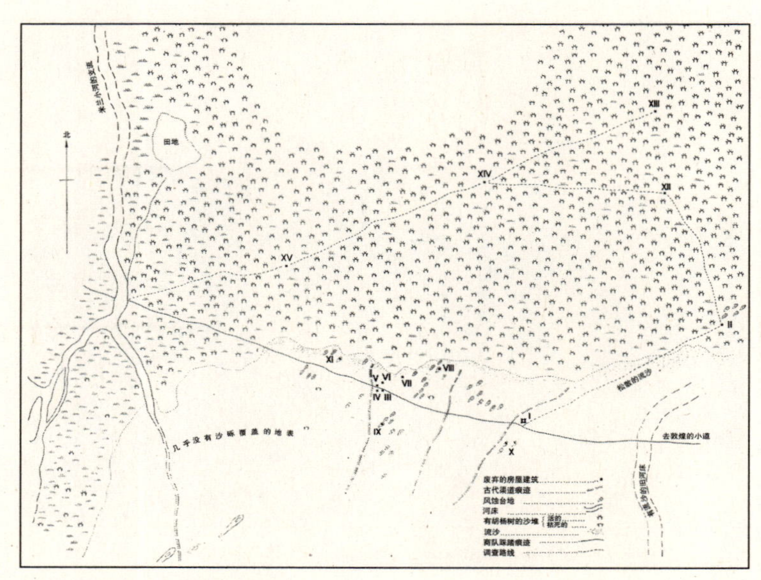

图50　米兰遗址平面图

文书内容涉及许多地名，其中我能够考证的有：大诺布城，即若羌；小诺布城，即米兰。诺布，与玄奘《大唐西域记》书中记述的纳缚波相同，它显然是中古时期与近现代用于称呼整个区域的罗布一名。这些文书所记述的内容还提出这样一个证据，在更为古老的时期，米兰遗址很可能是扜泥旧地，中国史籍称此地为鄯善的古代东城。

在所有出土文书中，没有发现一件汉文文书。这种情况说

图51　米兰遗址佛塔和圆形围廊遗迹

明，公元8世纪末以后，唐朝势力及其统治在塔里木盆地已完全消失。不过，当我拆开一团胡乱揉卷在一起的纸包时，发现它竟然是使用北欧字体的突厥文文书。研究表明，这些文书都是突厥士兵的护照或通行证一类的公文。突厥文文书的出现，说明当时在塔里木盆地遥远的一隅，仍有西突厥人存在。如果西突厥人不是吐蕃人的同盟，便是他们的仇敌，而唐朝在中亚统治力量的崩溃，在一定程度上与西突厥人有关。

图52　米兰佛寺遗址壁画（上图为玮珊多罗王子把自己的白象施舍给人；下图中间为一个印度王子，两侧各有一个蒲蒂样式人像）

图53　米兰遗址佛寺壁画

吐蕃古城的作用，是保护从塔里木盆地南部有水草分布的地带通往敦煌的交通通道。这条道路经过罗布泊南缘，自汉代以来就一直是沟通中原的主要交通路线。玄奘以及几个世纪之后的马可·波罗都是通过这条道路穿越罗布泊沙漠的，所以我对这条艰难的沙碛道路充满了浓厚的历史兴趣。在我离开米兰踏上这条道路之前，从米兰遗址中发掘出土的佛教美术文物精品，比吐蕃人占据期间留下来的东西更为古老，涉及的人类历史方面也更为广泛。

图54　米兰遗址发掘出土的泥塑大佛头像

1914年1月，我再次返回米兰佛寺遗址，所见情景令我大吃一惊：当年我用沙土瓦砾掩埋保护起来的佛寺遗址又完全显露在面前。据说，在我发现此地若干年后，一个毫无考古经验的日本少年旅行家来到米兰遗址，打算使用一种极为愚蠢的方法把所有壁画揭取下来搬走，对壁画造成了全面的破坏，佛寺南半边过道里到处是狼藉四散的壁画残片。所幸的是，这个狂妄无知的日本人只挖掘到北半部边缘便放弃了，我们因而得以将这部分佛寺遗址墙壁上的壁画完整无损地揭取下来。

图55　楼兰古城佛塔和民居遗址

图56　楼兰古城佛塔附近的民居遗址

图57　楼兰古城遗址出土的编织物和纺织物

图58　楼兰古城遗址出土的木雕残件

第八章

古楼兰探险

1906年12月初，我在若羌绿洲为前往楼兰遗址做准备工作，以便开始我计划已久的考古探险。在滴水全无的罗布泊沙漠中探险，合适的季节只有冬季的几个月，这段时间我们可以驮运冰块作为饮用水，以保障探险考察工作得以顺利进行。我计划在完成楼兰遗址考察之后，带领驼队横越罗布泊沙漠，沿着马可·波罗走过之后便寂静了几个世纪的古道，前往敦煌。

若羌虽名为县城，实际上只不过是一个小村落。若羌的绿洲面积很小，几乎都是沙漠，能够供应的物资非常有限，所以我们的准备工作异常困难。不过，有一点出乎我的意料，在三天内居然召集到50多个挖掘民工。我们准备的粮食足够全部人员维持五个星期。同时，我们还尽可能搜集骆驼来运输物资。我们所带的粮食和饮用水，必须能够维持全体人员七天沙漠行程、在遗址考察停留期间和最后返回路程的需要。

然而，问题十分糟糕。我把若羌所能够提供的物资全部组织起来之后，也不过才找到21只骆驼。

阿布旦是一个小渔村，靠近塔里木河流入罗布泊的沼泽地带。对于进入罗布泊地区而言，这里的地理位置异常便利。所以如果我不把给养仓库设在阿布旦，给养供应问题将更加严重。在阿布旦，我把暂时不用的行李和给养安置下来，以待完成古楼兰遗址发掘后，前往敦煌时再用。

所幸的是，若羌县知县廖大老爷在很短时间内就帮我从阿布旦请到两个强壮的猎人。这两个猎人，一个叫穆拉，一个叫托合塔阿洪，他们都曾帮助过斯文·赫定博士。虽然他们熟悉探险沿途的情况，但他们都未曾从阿布旦一带直接进入过楼兰遗址。因此，离开阿布旦沼泽地带之后，我并不能指望他们做向导。从当地雇用的挖掘民工，知道要随我们在这个严寒的冬季离开家乡，前往沙漠深处探险时，都感到非常恐惧。这些民工的亲属也都认为，他们将要倒霉到底了，都非常担心和忧伤。直到看见这两个猎人的出现，他们才稍稍放下心来。

12月6日早晨，我们终于从阿布旦启程。民工们按时在这片最后的绿洲田野边集合待发。当我视察情况，看见这些罗布人坚毅的蒙古人面容时，不禁大感意外。他们都是当地半游牧的渔人后裔，与从西方草原迁徙而来的突厥后裔大为不同。亲属们在与民工队伍告别时都高呼“遥勒保勒松”（意为一路平安）。此情此景中，再也没有什么话语，比这句维吾尔语的告别寓意深远和含蓄了。

穿行走过大片的戈壁荒漠地带，又走了约两站地，我们才来到米兰遗址。12月10日，我安排忠实的突厥仆人提拉巴依在米兰照管一切事务，汉文秘书蒋师爷也被留在后方，未能跟随我一同前往。

第二天早晨，渡过还没有结冰的塔里木河深流之后，我们就开始向沙漠进发。我们向东沿着最初的罗布泊沼泽走了一天，在一个由塔里木河水形成的潟湖中取得了大量质量上乘的厚冰块。每只可以驮运的骆驼都驮载着满袋的冰块，重量达到500磅。四个镀锌铁桶也装满了水，以备不时之需。这些铁桶内的水不久就冻结成了冰。此外，还有30多头毛驴也都驮上了小袋的冰块。离开最后这个有可饮用水和冰块的地方之后两天，我们便把所装载的饮用水和冰块全都卸了下来，就地建立一个中转站。虽然荒漠环境中毛驴也需要饮用水，好在只需忍受两天，卸下负载之后它们很快返回到了塔里木河边。

至于骆驼，我们最初就让它们每只喝了六七桶水。根据我们的经验，这样的饮水量可以维持它们几个星期不至于干渴。在酷寒的冬天，骆驼对草料的需求远甚于水。离开最后一处生长植物的地方，一直要到罗布泊腹地遗址附近才可能会有一些芦苇作为骆驼的草料。为应对这种严酷的环境，驮工头目哈桑阿洪给骆驼准备了几皮袋菜籽油，每经过一段时间，便喂骆驼半升左右的生菜籽油。驼工们称这些菜籽油为“骆驼茶”。骆驼经过长距离跋涉后，在没有草料的情况下，这些菜籽油可以为它们提供充足的能量。

我们又走了一天，穿过一片布满盐卤的草地，在柴努特库勒附近一个小池塘旁留下了两个人。池塘里的水已经结了一层薄冰，正好可以供牲畜饮用。这里可以作为我们临时休整地点。我安排把粮草留在此处，然后从此地起将转向东北方向。

我们到来的这一年，塔里木河洪水泛滥，向北流淌，形成了一些新的大湖。现在这些大湖都已完全干涸。在裸露的湖底盐床上，散布着几片小水洼。水洼中的水盐化得很严重，以至于在严寒的天气里也没有结冰。

12月14日傍晚，走过了低洼地带之后，我们在一片红柳茂盛的沙丘高地上安营扎寨。毛驴驮载的冰块都堆放在最高大沙丘的北面背阴地方，做成一个储藏所。随后，我安排两个人把毛驴带回柴努特库勒中转站搬运存放在那里的粮草。

从临时转运点继续进发，很快就走过了大片风蚀剥离严重的地带。这样的情况在罗布泊沙漠北部地区形成一道奇异的风景线。无数高峻险拔的土崖，被一些巨大的沟壑分割开来。当地罗布渔人为这样的地貌取名为“雅丹”。所有的雅丹都是被夹带沙粒的风吹蚀切割形成的。这种台地雅丹一律呈东北—西南方向。由此清楚地显示，这里一年中持续时间最长、风速最大、风向最为固定的，应该是由于大气环流，从蒙古高原直接刮来的季风。

在这样的地貌中行进，路线不可能成直线，只能曲折迂回前行，在硬泥雅丹和深沟中艰难前进。经过雅丹地带时，骆驼柔软的脚掌极易破裂，所以每次宿营时总有几只可怜的骆驼要承受打掌子的痛苦。打掌子是用小块牛皮缝在骆驼脚掌上，以保护其足部的伤口。这样做，虽是好意，但也是酷刑，骆驼极不情愿，必须由经验丰富技术高超的行家来操弄。哈桑阿洪正是精于此道的行家，并且时常训练其他驼工为骆驼打掌子。

在这片风蚀侵害严重的雅丹区域，每走出不远，我们便遇到一些枯死的胡杨树。它们或倒伏在地，或狰狞矗立于狭窄低地。一眼望去，低地弯弯曲曲伸展远去，就像河道支流，蜿蜒流入沙漠深处后逐渐消失。根据我的经验，这些低地原来都是河流的终点河床。很显然，早期的库鲁克河曾经流入干涸的罗布泊盆地及其附近低洼地带。

在风化剥蚀严重的地表，可以捡到石器时代的石箭镞、石斧和其他小件石器，以及许多制作粗糙的陶器残片。至此，我们仍然没有能够深入罗布泊沙漠腹地。继续前行，每隔不远，我们便会遇到前面提到的那一类同样的东西。为了保持方向，防止大家四顾寻找东西，我要求队伍按照直线方向行走。尽管如此，一路上我们还是不断有新的发现，这种情况充分证明，这些地带在史前时期末已经有人类活动。

虽然我们从早到晚不停地跋涉，但由于路途艰险，每天的行程不过14英里。在这种破裂不堪的风蚀地带，想要按照罗盘指示的方向维持正确的路线是一件非常困难的事。因此，我们在走过的路段，在一些容易看到的特殊位置，用枯死的树干或土堆做路标，为后面运送冰块和粮食的人们指引方向。

我们穿行在这片雅丹地带将近第二程时，在裸露的地表发现了许多小件铜器，其中有中国汉代的铜钱，以及大量陶器残片。我由此断定，我们正走在久远历史某个时期曾经有人居住的地方和曾经使用的交通路线上，或者至少有几个地方有人居住并且位于交通路线之上。不过，根据我们的测量数据，当时我们所在的地方距离斯文·赫定博士追踪寻找的遗址还要向南再走12英里。

我们被冬季冰冷刺骨的东北风不断侵袭。第二天半夜，狂风几乎吹倒了我的帐篷。这种冷风总是持续不停地刮，气温很快降到了华氏气温表零度以下，我们的生活也因此陷入极度的困苦之中。

12月17日，我们找到的中国汉代古钱、青铜箭镞，以及其他小物件越来越多了。最后一天下午，穿越过宽广的干河床后，作为遗址群标志的那座剥蚀严重的佛塔已经隐约可见，那正是斯文·赫定博士草图上最吸引我的地方。我们距离目的地大约还有8英里的路程。我的探险队因为就要到达目的地而变得兴奋起来。在穿越无数高峻的雅丹和深削的土沟之后，我们终于在天黑之前赶到了那里。千百年来，巍然屹立的遗址群在亘古荒原上呈现出一派凄凉的景象。我们在遗址群标志的佛塔脚下安营扎寨。

第二天一早，发掘工作立即开始。发掘工作连续进行了11天，我把各个遗址中的古代遗物全部都清理了出来。据托合塔阿洪说，库鲁克塔格山麓碱泉子附近有一片芦苇草地，我立即让人把大部分骆驼送到那里喂食牧草，其余的骆驼则被派往南部中转站，驮运储存在那里的冰块等给养物资。

那天早上，我站在佛塔顶的最高处极目四望，那些早已熟悉但依然新奇的立木行列展现在我的眼前。正南面与西南面由木料和灰泥构筑起来的建筑遗迹，聚集成了小规模的建筑遗址群。遗址群所在地以外，是奇形怪状的雅丹和深削的沟壑，像是由无数条波峰浪谷凝固成的广阔无垠的海面。

发掘工作首先从佛塔南面开始。这是一座倒塌了的房屋，建筑木料散乱地堆积在斜坡上。这种现象，是因为强烈的风蚀带走了房屋基础部分的土层，导致房屋倒塌，房屋上面的泥土又全部被刮走形成的。在仅存泥土堆积中略做搜索，便发现了一些写在窄木片和纸上的汉文文书和佉卢文文书。佉卢文文书的形式与尼雅遗址所发现的一模一样。

这一发现表明，在尼雅遗址用古代印度文字写成的文书，在遥远的罗布泊地区，也同样被广泛地应用于政治统治、商业贸易以及其他各个方面。楼兰遗址所在的罗布泊湖岸地带与古代于田的地理空间距离是如此遥远，而这种古印度语言与字体竟如此完整地发展到了这里，这真是一个富于历史意味的新发现。

发掘伊始，我们便在房屋遗址附近的风蚀空地上捡到不少金属、玻璃和石质器物等各类小物件。其中有背面图案刻铸精美的青铜镜残片、金属扣、石印之类的东西。我们捡到的玻璃以及石质珠子也不在少数。汉代方孔式铜钱散布极多。这种现象非常重要。由此可见，这种铜钱流通范围广而且数量多，同时也说明使用钱币作为中介的普通贸易在当时已经盛行。

房屋的西南面有一座大型建筑物。这座建筑物一部分用土坯砌成，虽然已经损坏严重，但是还可以看出，它原来是一座衙门建筑。在它中间有一间小室，原来可能是作为监牢使用的。斯文·赫定博士就曾经在那里找到许多写在木片和纸上的汉文文书。有些文书的年代是公元265年至270年。我安排民工仔细地把整个建筑清理了一遍，又找到不少此类文书。其中有些弯曲的木质薄片，显然是从木板上削下来的。

旁边的小屋虽然粗陋，但建筑形式却与尼雅遗址常见的形式一样。这种建筑大概是供非中国人的本地官吏使用的。在这间房屋内，我得到了我熟悉的佉卢文简牍文书。这种佉卢文简牍文书格式内容与在尼雅遗址得到的文书极为相似。不过，发掘的最大收获，还是位于衙门西面的那一大片垃圾堆内。就在那些臭味依然刺鼻的一层层硬质垃圾和其他废弃物之中，我却得到很多汉文文书。这些文书无疑是被作为废弃物从公事房中清扫出来的。其中，不少木简破烂不堪，有的还曾经被用作点火的木条，有明显的灼烧痕迹。

在这堆包罗万象的垃圾堆中，我们还找出了一些佉卢文文书，但数量不多。此外，我还发现了一张破纸，纸上写有一种未知文字，字体像阿拉米语文字，后来被证明是粟特文文书。粟特文流行于公元后起初几个世纪撒马尔罕和布哈拉地方的古康居国一带，后来完全消亡，不为人知。

出土的汉文文书可以证明，这一遗址的所在地名叫楼兰。在古代，楼兰这一名称，既指整个楼兰地区，又用来称呼楼兰的驿站。公元前2世纪末，在汉代开辟的这条进入塔里木盆地的古道上，楼兰正是进入西域的桥头堡。

在所得文书中，大部分有年代记录的文书纪年在公元263年到270年之间。晋武帝在汉朝倾覆以后重新在西域树立了中央王权的声威。最后一件文书的纪年是公元330年，文书中又作建武十四年，其实建武年号在十三年之前就已经终止了。由此可见，当时这个小驿站与晋朝的联系已经完全断绝。此地以及以此地作为起点的沙漠交通路线，离最后废弃的时间已为时不远了。

这里不仅驿站规模小，出产也极为有限。但从我获得的汉文文书表明，这条古代交通路线对当时的贸易具有重要的作用。在这些文书中，有从西域长史方面发出的文书，也有呈送给西域长史的报告，以及明显不属于当地军事行动记录的文书残片。但是大部分文书都是关于一个中国小屯田区域的相关统治事务，如粮食种植、储存、运输之类的记载。对于官吏及士兵，常有减少口粮的命令。当地不能自给的窘境，由此可见一斑。

佉卢文文书的字体、语言以及其他方面都与尼雅遗址发现的极为相似。我考证出此地原来的名称是“Kroraina”，汉语“楼兰”一词很可能就是“Kroraina”的译音。

我对遗址所在区域的狭小台地进行了认真考察，结果发现，这些风蚀雅丹并非自然之物，而是古代城墙的残余。城墙用泥土和红柳枝条相间夹杂筑成。这是中国古代工匠在罗布泊沙漠修筑军事防御堡垒时通常使用的方法，其最显著功效是能够有效地抵御风沙的剥蚀。

但是，这座直径1020英尺的古城，其顺风方向的那几面墙体，现在只残留下来些许遗迹。而迎风面的那些城墙早已消失得无影无踪，最终没能抵挡住风沙的摧毁。同样类似的情况，在东面相隔很远的一处残破遗址中再次出现，让人真切体会到风力在罗布泊沙漠所能够达到的破坏程度。

12月22日傍晚，我们结束了在楼兰古城的发掘工作。接下来要做的工作是发掘西面的一个遗址群。这些遗址被斯文·赫定博士首先发现。但他只是从楼兰古城到那里去了一次，仅停留了一天，而他带往那里的发掘民工也只有五个人。显而易见，那里仍然还有大量的古代文物在等待有系统的发掘。目前，最主要的问题是，我们是否还有足够的时间到那里去挖掘。我们储备的冰块消耗得很快。托合塔阿洪从库鲁克塔格返回来报告说，那里碱泉里的水含盐量太大，以至于到现在都还没有结冰，因而无法得到冰块。这一消息令我深感焦虑。所幸的是，从中转站出发的骆驼已经安全返回，带来了急需的给养物资。12月23日，我们终于得以将营地转移到新的遗址群所在地。

此后五天里，我们一直在那里努力发掘。许多民工因不适应那里严酷的环境而病倒了，不过能够工作的人数仍然达到30人。发掘收获很大。其中在一座小佛寺遗址中出土了许多精美的木刻残片，有的雕花木梁甚至长达7英尺以上。木梁的装饰样式和雕刻风格显然是希腊的，或者也可以说是希腊佛教美术风格。

此处以及离此处东南约1英里的一些大型建筑遗址所在地，风蚀都很严重。尽管如此，我们依然能在那些遗址中发掘到许多有趣的古代文物。其中有雕刻精美、漆面精致的家具构件，有罗马构图样式与雕刻风格的雕刻木板残片，有装饰性纺织品纹饰。还有一只鞋子，鞋面上装饰有纯粹西方样式的地毯图案。在靠近另外一座小佛寺的地方，有一处用篱笆围起来的果园。早已枯死的果树树干依然挺立在地面上。这个果园是此处古代遗址群落中所能见到的唯一一个种植园遗迹。这处环绕楼兰古城外围的遗址之所以重要，有证据显示，经过此地沟通与中国内地的商业贸易，远比当地的物产重要得多。

图59　罗布泊遗址寺庙附近小佛塔废墟，位于风蚀的雅丹之上

有了这些发现，我早已想沿着这条古道向东一直穿越那片迄今仍未有人涉足的沙漠的愿望更加强烈了。但鉴于当时的气候条件，我的这一愿望并未能够实现。我们储备的冰块已经所剩无几，民工患病的人数也在不断增加。于是，1906年12月29日，我让测量员拉姆·辛格带领大部分民工和押送所有出土文物返回阿布旦，我自己则带领一小队人马穿越不为人知的沙漠向西南转移。经过七天的艰难跋涉，我们平安到达了冰冻的

图60　楼兰雅丹台地顶部古墓出土的木棺

图61　楼兰雅丹台地顶部古墓出土的干尸

塔里木河边。沿途沙丘越来越高大，西南方向的路况远比从罗布泊出发的那一路要困难得多。路途中没有发现古代遗址，只见到一些石器时代的遗物，就连那些以前常见的作为古代河道标志的死胡杨树丛也不见了。气温下降到华氏气温表冰点以下48度，使我们深切感受到没有柴火取暖的痛苦。这次探险旅行，从开始一直到最后返回若羌和米兰，沿途我都极为用心地进行地理学考察，做了许多测绘工作。

图62　罗布泊沙漠暴露在外的木棺

图63　罗布沙漠雅丹台地顶部哨所门道及其后面的墓地

图64　在罗布泊沙漠中挖掘古墓

第九章

横渡罗布泊

1907年2月至3月，我从罗布沿着马可·波罗曾经走过的古道向敦煌出发，并在敦煌沙漠地带发现了古长城遗迹。这次长途探险考察，使我得以确定那条连接中国和中亚以及西方的重要交通路线——凶险的楼兰沙漠通道最东端的始发点。要想追寻这条古道旅行，而又不发生错误，就只能从楼兰古城出发。然而，从楼兰古城出发的难度太大，所以我一直等到七年后的第三次探险时才正式尝试。

1914年1月8日，我到达若羌，这片小绿洲再次成为我在罗布泊沙漠探险的根据地。不过由于中国内地正在发生革命，新疆地区自然也不免受到影响，这更增加了我探险考察的难度。我从且末出发前往若羌是在年末的最后一天。在这之前我就已经听说，有一队革命军已经向若羌进发。还说若羌已经被攻占，县官也已经被捕。驻守且末的县官无力制止这类暴动，所以他只是很谨慎地为我写了两封介绍信。一封写给那个不幸的按办，假定他已经重新恢复自由和获得权力；另一封写给革命军首领，且末县官估计他们可能已经接掌了政权。

从且末到若羌一共有十站路程。我们一路大致都是沿着车尔臣河行走，沿途没有遇见一个行人。这样的旅途情况使我诧异不已。到达若羌后，两封介绍信都无法投递。一小队革命党捉到知县以后很快处死了他，而所谓革命党的头目则立即自立为按办。当地的民众对发生的这一切漠然视之。一个星期后，从焉耆开来了一支军队。这支军队由若羌当地一位头目接引进入绿洲，乘那些革命党人还在睡梦中，抓的抓，杀的杀。等到革命党人惊悉此事时都已经被一网打尽。地方发生的政治变乱，导致现政权汉文官的丧失，而缺乏文官，要想从那些平和的罗布人以及他们的头目那里得到任何帮助都没有指望了。

这期间，为征集探险必备的粮食、驼工、民工以及骆驼等，我遇到了无数的困难，蒙受了巨大的损失。从若羌出发后，由于没能筹措到足够的物资，我只好又花将近两个星期在米兰遗址进行考古发掘工作，抢救一个大院塔内精美珍贵的佛教壁画。正当我们全力进行发掘时，接到了喀什英国总领事马继业爵士的通知，说新疆省当局命令地方当局禁止我在当地的任何测量工作。这道命令的现实意义，就是要停止一切我想要进行的探险活动。我那位永远机警的朋友立刻请求北京英国公使出面调停。这样的努力让我十分感激。在当时的情况下，如果没有英国驻外机构官方的极力干预，我的所有探险计划恐怕就要落空了。

所幸的是，若羌当局居然没有发来禁令。后来我才知道，我之所以能够这么幸运，是由于革命军的暴动凑巧在此时爆发，新知县还未来得及发出对我的禁令之前就被革掉了性命。接手的革命党占据了衙门，也看见了禁令，但是在他们立足未稳之时，还有更多急切和重要的事情要做，根本无暇顾及此事。后来的中国军队官员严守中国官场规矩，极力避免干涉民事，把衙门中的文件封存起来，等待来自迪化[①]的新知县接掌权力。如此一来，就直接帮助了我，使我得以安然收集我所需要的一切东西，然后向干旱无水的沙漠地带进发。在那里，一切人为的干涉都将不复存在。

这次探险主要包括：在干涸的库鲁克河三角洲进行新的探险考察工作，发掘遇到的所有遗址，寻找从楼兰古城遗址往东所有可能出现的古代交通路线。为了使最后一项探险活动能够得到充足适当的时间，最要紧的便是抓紧时间迅速完成发掘工作。因此，我安排人尽量带上足够的水，也就是冰块，同时招募尽可能多的民工。我们携带的冰块足够35人一个月的用水量，民工的口粮也足够支持一个月。此外，我还额外为自己

---

① 今乌鲁木齐。（译者）

的人准备了一个月的口粮，以及在冬季沙漠探险需要的保护用具。我们总共租用了30只骆驼，加上我带来的15只骆驼，但仍然不够驮运全部物资。在这种情况下，我们全体人员只能步行前进。

1914年2月1日，我带领大队人马从米兰正式出发了。第二天，在塔里木河的一个终点积水湖旁，我们把所需要的冰块都装入袋中，从那里算起，再走四站路便可以到达目的地。在那里，有我的随从托合塔阿洪几年前发现的大遗址群。遗址所在地的地表被风沙剥蚀得很厉害。风蚀最为严重的地方，连坚固的城堡也被摧毁无遗。清理了城堡内的房屋遗址以后，我获得了大量的古代物品，其中主要是木雕建筑构件、日常器具、铜铁物品之类的东西。从这些出土的古代物品来看，这个遗址的废弃时间与楼兰遗址大致在同一时期。有一条河道明显地经过古城堡，河道两岸还有成排枯死倒伏的胡杨树，因而河道的走向很容易追寻。仅从河道延伸的方向我就可以断定，这是库鲁克河南面的一条支流，河水以前就流向楼兰遗址。

我们沿着这条河道来到第二处一个规模较小的城堡遗址。城堡北面有一片很大的地方，到处散布着古代遗迹，用木柱和树枝修筑起来的房屋因为风力的剥蚀，损坏非常严重。遗址的原始地面已经基本无存，幸好古老垃圾堆坚硬板结的表面依然指示出曾经的地面。我们在这里发掘出土了各种古代文书，文书的字体有佉卢文、婆罗米文、汉文和粟特文。当然还有其他非常精美珍贵的古代文物，比如精美的漆盒，有图案的丝织品和毛织物残片，木制农具，等等。此地废弃的时间，与楼兰遗址一样，不会晚于公元4世纪初。

从遗址中出土文物提供的年代证据，对于判断与遗址毗邻地方人文遗迹的年代也大有助益。历史时期抑或更早以前罗布泊地区的水文和人文政治情形，都可以从这里看到一丝迹象。在风蚀地面上我们捡到许多新石器时代的箭镞、玉斧一类的石器。

在我前往楼兰遗址的两站路途中，又经过了一些连续不断的古河床。河道两岸都有成排枯死倒地的胡杨树。河床延伸的方向非常明确地指示出，这里属于古代库鲁克河三角洲地区。风蚀地面上，有些地方除石器时代的遗物外，间或杂有许多汉代古钱以及金属零件、陶器碎片等。我们所走的路线和1906年我第一次探访楼兰遗址时的路线不同，而获得的古代文物以及沿途观察得到的资料都与那一次基本一致。

2月10日，天黑已经很久，骆驼仍在努力挣扎着翻越那些连绵不断难以逾越的高大雅丹台地。不久，我们终于到达了楼兰遗址。我们的营地依然安扎在那座熟悉的大佛寺遗址下面。

第二天，我向楼兰遗址东边以及东北方向未知的沙漠地带推进探察，以期发现新的遗址。民工们全部留在上次考察发掘时没有注意或来不及注意的那些外围小遗址和垃圾堆上，全力进行发掘工作。很快，我们就有了大量新的收获。在这次发掘清理中，我又获得了一些用汉文、佉卢文和粟特文书写的文书。而粟特文，正是1906年至1907年考察发掘中由我发现以后才被世人知晓的。

邻近楼兰遗址的地方，从古代中国废弃这里以后，河水仍时常短暂地回转，不时地涨落，在很大程度上阻止或延缓了风力和其他自然力量的剥蚀。在这期间，由于沙漠植物的复生，地表黏土也因此得以保持下来。基于我对这类河水的涨落水平线做过的观察和测算，我可以清楚地看出，在楼兰遗址废弃以后的1600多年中，河水返回这片荒漠的频率，以及每次返回时河水水量的大小并不相同。资料显示，罗布泊沙漠各处遗址的情形大致都是如此。在那些红柳丛和芦苇都早已枯死的低地里，偶尔还可以看到这里或那里渗出一些水来。这些水的唯一来源只能是库鲁克河。实际上，1915年我再次回到沙漠中的库鲁克河时，在更西面一些沿着库鲁克塔格，也就是干山山麓，可以很清楚地看见库鲁克河。在河床低洼的地方，稍微挖个小坑，便有咸水流出。

2月中旬，我又重新返回楼兰，开始此行最为重要的工作。阿弗拉兹·古尔是一位年轻聪敏的绘图员，他来自开伯尔来复枪队，起初以警卫身份加入我的队伍，后来因为工作出色，在印度测量局谋得了很高的职位。此次探险考察之所以能够准备得如此充分恰当，很多方面都得益于他的大力协助。我们准备进行探险考察的区域，都是几个世纪以来人迹罕至的不毛之地。在楼兰，我曾一直渴望追寻古代中国军队以及商队从敦煌穿越沙漠通往楼兰的交通路线。考察开始不久，我便在楼兰东北部地带发现了一连串古代遗址。这些遗址确切地指示出那条路线的走向。这一走向，即使不是全程路线，也至少标示出了楼兰的起始地。

最接近这些遗址的地方是一处古代墓葬群。墓葬群距离楼兰遗址大约4英里，坐落在一块孤立的雅丹台地上。因风蚀导致崖岸崩落，有的墓葬已经部分暴露在外，有的甚至已经塌落下去。

我们迅速清理了这些古代墓葬，发掘出土了大量古物。随葬物品的清理和出土情况较为混乱。除人骨和木棺残片外，还杂有各种殉葬器物，如有死者生前使用的带纹饰铜镜、木质兵器模型、家具、汉文木简和纸质文书，等等。最令人炫目的是那些光怪陆离的纺织品，其中有美丽的彩绢、精美的地毯、精致刺绣织品残片、堆绒毛毯，以及粗制的毛织物。在发掘现场，我当即就弄明白，出土的这些各类衣饰残片原先都是用来装殓尸体的。中国为了直接与中亚以及遥远的西方交通而开辟的这条古道，其最直接的目的就是服务于古代的丝绸贸易。

根据出土的古代物品，可以判断出这些古墓的内容。这些东西保留至今，很可能就是按照中国的古老风俗习惯进行安葬的结果。所有这些古代遗物，可以确切地断定其年代为汉代。其实，古代中国的贸易与国力第一次向中亚扩展的时间，应该是在公元前2世纪末。这里发掘出土许多五彩和红色丝绢，后来的研究结果充分证明，这些丝织品完全可以反映当时来自中国的丝绸贸易取道楼兰进而通往西方的盛况，以及充分体现中国丝织物美术方面的风格和技术的完美。公元几年前后中国丝织物的残遗，之所以引起特别关注，是因为这些东西就是直接在最为古老的丝绸之路上保存至今。而同样重要的是，精工织造的地毯残片。在研究远东和西方古代关系的学者看来，这类毛织品显示出来的风格则是毫无二致的古希腊特点。它们无论是当地织造还是从中亚以西极为遥远的地方输入，我们都可以由此看出一种文化力量的显著影响。

这些纺织品，是目前所知中国装饰性织物最为古老的美术标本。此外应特别注意的是，一些反映受古希腊、古罗马文化影响的地毯。其中一块地毯残片上有着非常明显的古希腊、古罗马样式图案，即仍然清晰保留有赫尔墨斯脸部图案的美丽地毯残片。另外一块地毯残片则奇异地反映出古代中国美术与西方美术混合交融的情形。它的出产地显然是中亚。这块纺织品边缘部分的装饰风格是古希腊、古罗马样式，而且还有一匹有翼天马。而这种样式，在中国汉代雕刻艺术中十分常见。

继续向东北方向走12英里，库鲁克河的河床被我们远远抛在了身后。随后，我们来到了一座有城墙拱护的古城。从实地考察的情况看，这是古代中国使节和军队从敦煌前往有人烟的楼兰地方途中第一个可以休息和补充给养的驿站。古城的年代与汉朝第一次向塔里木盆地发动军事进攻的年代极为相符。古城暴露在荒野沙漠中两千多年后仍然保存完好，不能不说这是一个伟大的奇迹。古城所标示的古道由此向西延伸，而它正是从敦煌西进的第一座桥头堡。

我在北面城墙遮蔽的一处垃圾堆内发掘出土了有明确纪年的汉文文书。文书与楼兰古城出土的大部分文书相似，是这条古道最后废弃以前那个时期，即公元3世纪末的遗物。

在这座巨大的古代堡垒外，我们还发现了一些其他古代遗址。最有价值的是在古城东北方向约3英里，有一块高出地表约100英尺的巨大雅丹台地，在这片荒野中显得格外突出和壮观。雅丹台地上有一处小小的遗址，应该是古代楼兰土著人建造的一个瞭望台。由于雅丹台地地势高敞，而当地气候自古以来就绝对干燥，台地上古墓暴露在外的尸体保存状况之好令人惊异。许多古尸和随葬品都保存得很好，随葬品包括装饰有羽毛和其他猎获物件的毡帽、放置在身旁的箭杆、粗韧的毛织衣物、里面放置有食品的编制小篮等。从随葬品的种类来看，生活在这里的是一个半游牧民族，与《汉书·西域传》记载罗布泊楼兰道开通伊始中国人见到的楼兰人情景完全一样。

俯视这些墓主人的遗体，除身体皮肤已经完全干枯外，简直如同正在熟睡的人一般。看着两千多年前居住在这里的罗布人和现在的罗布人相对而望，真是一幅奇异的场景。墓主人的头型非常接近于阿尔卑斯种型。根据人类学测量资料，现在塔里木盆地主要居民的种族形态，还是以阿尔卑斯种型最为普遍。从这个高地向远方眺望，便很容易发现，我们所在的地方正位于以前维持罗布泊生命形态河水所能够到达的东端。再向东，就是标示着罗布泊干涸湖床的一望无际闪闪发亮的盐壳了。

在我们即将穿越的罗布泊沙漠，向东寻找古代通往中国内地的道路之前，直观地看着眼前的情景，自然有其特别重要的意义，即可以为我们提供一个安全可靠的出发点和有益的提示。话虽如此，但要想立即出发，却又不可能。由于我们在滴水全无的罗布泊沙漠之中，已经经受了很长一段时间刺骨寒风的煎熬，此外还有每天不间断的艰辛发掘工作，即便我的民工结实得如同坚硬的机械一般，也都已经筋疲力尽。无奈之下，在完成东北面的遗址发掘之后，我立即把民工带回楼兰遗址的大本营，以让他们休息调养，恢复体力。

此前，我曾派拉姆·辛格肩负测绘任务，从米兰出发，沿塔里木河古河道前往孔雀河，然后再沿孔雀河古河道进抵楼兰古城遗址所在地。现在，拉姆·辛格已经完成任务，平安抵达楼兰古城遗址营地。看到他平安归来，我终于放下久悬的心。与拉姆·辛格一同到来的还有阿不都拉音。阿不都拉音拥有非常丰富的沙漠探险经验，并随同带来了许多骆驼。我的队伍突然间增添了许多新生力量。更为有趣的是，一只母骆驼竟然在楼兰古城遗址产下一只小驼羔。小驼羔生下来没几天便跟随大队人马穿越荒漠戈壁，其精力之旺盛和生命力之坚强实为罕见。

根据以往取得的地形学方面的经验，我感觉前往楼兰的大路还应该向东北方向一些。好在我要寻找的是古长城之外直接通往敦煌边关的道路，这样便可以毫无顾忌地从与传统道路成直角的方向直接上路前进了。这种选择，在一定程度上降低了我们寻找古代中国大道的兴致。不过有一点是确凿无疑的，目前我们所在的地方，所有维持生命必需的物品，包括水在内，一样都没有。

对这样一种穿越沙漠的旅行，为安全起见，必须进行充分的准备。我估计，前方至少还有10日行程。几个星期以来，我们的骆驼已经承担了艰苦卓绝的工作，现在还要走这么漫长的路，对它们的耐力而言，是一种特别严峻的考验。所以出发的第一步，是首先把我的队伍带到遥远的库鲁克塔格山麓的阿特米什布拉克碱泉子。这次转移一共用了三天时间。途中我骑在骆驼上，一路观察河道旁边沙地上古代中国的小型墓葬遗迹。在阿特米什布拉克，我们的骆驼吃到了一些芦苇草，并在时隔三个星期后得到饮水，同时得以休息几天，恢复气力。对于我们而言，能够看到一小片植物，也是令人愉悦的事。

补充了足够的冰块，并安排好燃料问题之后，我们终于在2月24日出发，开始各自的工作。一方面，由拉姆·辛格负责测量早已干涸积满盐层的罗布泊古代湖床的东北岸。另外一方面，由我和阿弗拉兹·古尔负责寻找离楼兰古城遗址区较远的一条古代中国大道，并追踪大路可能经过的任何地方前往敦煌。

我们前方的沿途情况，根据我个人的经验判断，在进入从若羌通往敦煌的商队道路之前，不可能有水补给。很可能大多数地方连融化冰块所需的柴草都没有。面对前方10日左右的艰苦旅程，我们勇敢的骆驼已经在滴水全无的沙漠中经受了几个星期的折磨，剩下的一点耐力是否能够坚持到底，我心中没有把握。在这样的荒漠中旅行，会遇到些怎样的障碍和困难，怎样才能找到古代中国大道，怎样才能追踪古道行进，我们完全无法预知。总之，前方充满了艰难险阻。路途中，如果仔细搜寻古代贸易商队留下的蛛丝马迹，则会耽误大量时间，根本不现实。即便能够这样做，找到东西的可能性也微乎其微。即便能找得到，那也完全是靠碰运气。当然，那与我的野外经验发挥得如何有很大关系。实际上，我所遇到的好运气，比我事先期望的要多得多。

当我们向南艰难地走了两站地之后，地形方面的困难立即就显现了出来。穿过满是盐壳，而且到处分布着迂回曲折的高大雅丹台地，以及小土丘的地带，我们于2月25日到达一处小型堡垒遗址附近。在那里，我又发现了一些遗址，确证了我早先的设想，即楼兰古道开始的位置要靠东北方一些。在仍然遗留有枯死植物的地面上，有一块高大的塔形台地。台地顶部有一处几乎已经完全被侵蚀的古代烽燧遗迹。烽燧的构建方式与我在敦煌一带古长城上看到的样式完全一致。显而易见，我们已经走到了古河道最东端的尽头。从此以后，再也没有古代遗迹指引我们了。我们现在走过的地方，古代一定与现在一样，完全不会有什么植物和动物。如果不是地上的干枯红柳残枝，我感到，除了我们留下的脚印，完全是从一片死亡之地走进另一片完全没有任何生命的地带。

沿着罗盘指引的东北方向，每当我们走过那些绝对荒凉的雅丹或盐壳地带，感觉前途不妙失去信心之时，幸运之神就会悄然而至。这时，总能够在途中捡到一些中国古钱币、小件金属器物、珠子一类的东西。那似乎是在告诉我们所走的路线与古代中国使节、军队和商队早已走了400多年的古道还是非常接近的。在那个时期，这条通向楼兰的古道虽然神秘莫测，但是并不说明中国人选择这条道路没有地形方面的理由。而我们沿途捡到的遗物已经足以表明，我所依据判断的理由完全没错。

当我们把作为古代三角洲重点标志的最后一点枯死草木抛在身后，继续前进时，突然间，竟然找到了古道的踪迹。在阴沉沉的盐壳黏土地面上，散布着约200枚中国古钱币。这些古钱币，彼此相距约30英尺，呈东北—西南方向，形成一条明显的直线。这些方孔圆钱都是汉代样式，发现它们时看上去仍然像新铸的一样，这显然是商队或某种大型队伍护送人员随身携带的钱币。它们可能是在疏忽之下，串钱的绳子松散之后，从

图65　敦煌长城西段尽头的烽燧

钱袋或箱子的缝隙中渐次滑落出来的。在同一方向约50英尺以外，地面上还散布着一些青铜箭镞，看上去像是完全未曾使用过。这些钱币和箭镞一定是汉代运送军需物资队伍在前往楼兰途中遗落的。至于为何时至今日它们仍暴露在地表上这样的问题，其实也很容易解释，那是因为护送人员在夜间开拔行进，稍稍偏离了正路，而前进的方向并无错误。

在那天的长途旅行中，我们一直行进在一长串形状怪异的雅丹群中，许多雅丹时常让我疑心是风蚀毁坏的佛塔，或者是

图66　玉门关故址

图67　肃州北部古代边境线城墙

古代居住遗址，再或者是古代佛教寺院遗址。据中国古代文献记载，在靠近古代罗布泊湖床西北边缘，有一个被称为“盐泽”的蒲昌海。在蒲昌海，曾经存在着神秘的“龙城”遗址。这些奇形怪状的雅丹台地让人很容易与之产生联想。此后一天，我们继续向东北方向行进，经过一段黏土地带，来到大片盐壳地带。这里就是中国古代文献中常常提及的“白龙堆”。

我在准备攀爬一座被作为路标和路线观察瞭望塔的高大雅丹台地时，在台地的斜坡地面上，又意外地发现一些中国古钱币和其他金属物件，其中还有保存良好的铁匕首。这些东西说明，这里曾经是楼兰古道途中休息的地方。再观察当下的地面，我们脚下的地势平坦干净，没有盐质土层。古代旅行家经过白龙堆大片坚硬盐壳地带之后，一定会在这里停下来休整。

鉴于这种情况，我立即决定，继续向东，穿越罗布泊湖床盐壳地带。第二天行进的结果，证明我所指引的路线果然一点不错。在这片湖床中，坚硬的盐层褶皱呈大角度倾斜的板块，下面还贴压着棱角锋利的小型盐块。因此，穿行在这种地面上，无论是人还是牲畜，都十分困难。这种让人畜耗尽体力痛苦挣扎的旅程大约有20英里。过去之后，我们终于踏上了较为松软的盐土地带，并在那里扎营休息了一晚。在这里，我完全有理由对自己的判断和选择感到自豪。后来大地测量的结果告诉我，我们正是从罗布泊盐质湖床最为狭窄的地段穿行经过的，正好避免了在白龙堆盐壳地面宿营的厄运。

古代中国开拓楼兰道的先锋队之所以选择这条路线，当然会有上述情况的考虑。我们走完白龙堆邻近地带的那一段路程之后，就到达了古代盐泽东岸。至于古代贸易商队为何要选择这条道路，除我们沿途捡到的古钱币和其他物件外，很快又有了考古学方面的证据。沿湖岸走了大约三站地，经过一段仍然没有任何生命迹象但较为好走的地段，我们来到一片低矮沙丘的边缘。这里恰好是古代罗布泊湖床的最东端。站在东北侧陡峭的悬崖上，俯视干涸的古代湖床，莽莽盐壳，恰似湖水犹存一般。我们沿着湖岸走过，看见有一个地方，古道的痕迹清晰明显。

从阿特米什布拉克出发后的第九天，我们第一次看见生长在干涸湖床岸边沙地上的灌木和芦苇，不禁如释重负般地长舒了一口气。而后，我们接着向东南方向行进了一大站地，走过另外一片干涸湖湾的盐质湖床，到达通往敦煌大道的标志性地点——库木库都克井。

对于穿越这条120多英里长的荒漠大路，中国古代的商贸活动是如何组织的？又是怎样维持供给的？我在这里不予讨论。仅就文明交流而言，这的确是极为伟大的成就。事实上，古代中国政治方面显赫的声威，经济方面富足的产品资源和无与伦比的组织能力，远远超过了他们的军事力量。老实说，这完全可以视为精神胜过物质的一种伟大胜利。

图68　疏勒河终端盆地西缘附近的风蚀黏土阶地

图69　古代烽燧附近的长城

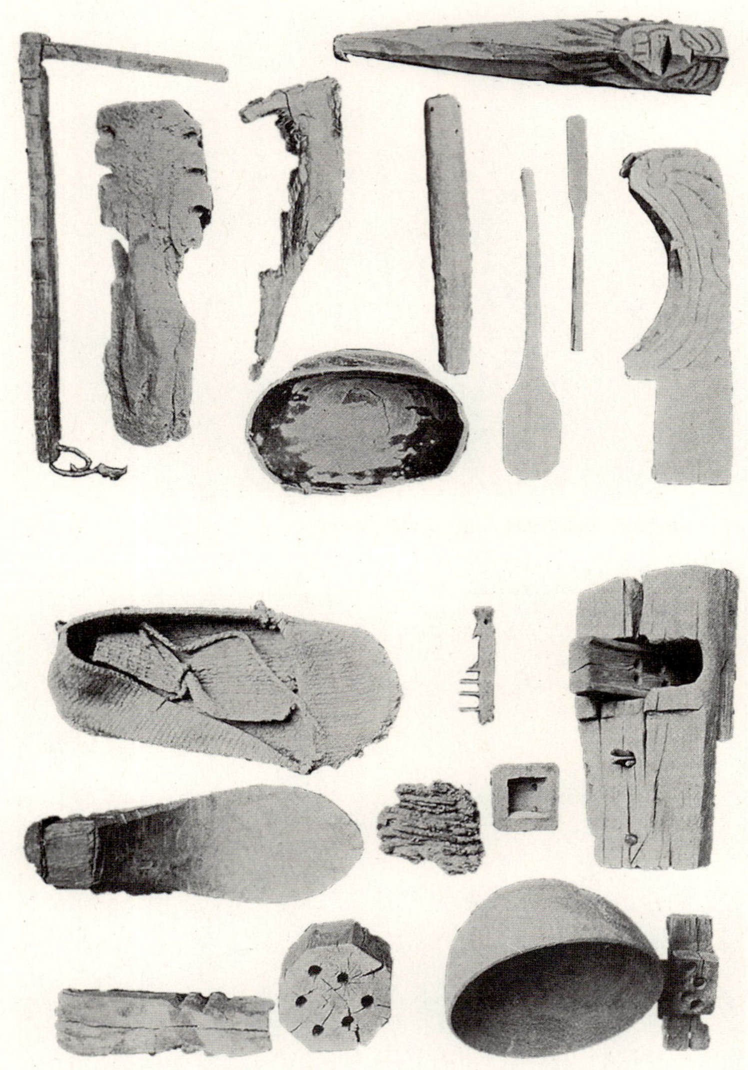

图70、71　古代用具和物品，主要出自敦煌早期边防线上的烽燧遗址

第十章

古代边境线

1907年2月21日，我完成了米兰遗址的发掘工作，将所有出土文物安全装箱以后，便开始长途沙漠旅行，穿越罗布泊湖盆向敦煌进发。我选择的路线，玄奘法师和马可·波罗都曾经走过。

在罗布泊南部，这条沙漠古道长达380多英里，它虽然比不上楼兰古道那样重要与直接，但是历代以来仍有许多商队往来不息。这条道路最后被人遗忘，如果不是由于古代中国西进势力的衰弱，便是严厉的闭关锁国政策所致。于是，一直到中国最后一次收复塔里木盆地，它的重要性才又一次重新显现。从那以后，这条古老的商道上便又开始偶尔有和田、莎车的商旅出现。但是，这条道路的使用，一年中仅限于冬季那几个月，因为只有那时候可以用冰块来克服沿途缺乏淡水的困难。

我们完成这次沙漠旅行，一共走了17站路程，按照较为通常的计算方法则与马可·波罗所处的时代一样是28站。至于我们环绕楼兰古城遗址所进行的探险考古活动，以及穿越那片地域所遭遇到的困难，则是马可·波罗无法与我们相比的。在这次旅行中，我们沿途没有遇到一个行人。毫无生命的极度荒凉与沉寂，很容易让人体会到古代旅行者所产生的种种恐惧和幻觉。

中国佛教高僧的游记，以及史家笔下的记述，都非常准确细致地反映出这种感觉。但是，马可·波罗对罗布泊沙漠地理形态的描述则更为详细生动。在此，我认为有必要引证马可·波罗的两段文字：

这一片沙漠很长。据说从这一头行走到那一头，起码需要花费一年多时间。此处极为狭窄，即便如此，穿越它也得要一个月。全是沙丘谷地，找不到任何可以吃的东西。但是骑行一日一夜后，便可以得到淡水，足够50至100人连同牲畜饮用的需要，多于这个数量则不行……

这里没有牲畜，因为这一带不存在植物。但是沙漠中却常常有奇怪之事发生。如果旅行者在夜间活动，只要有人落在后面或没有睡熟，当他想寻找或追上同伴时，就会听到鬼语。于是误以为是自己的同伴，跟随而去。有时还会听到鬼怪叫自己的名字，跟随下去便迷失了方向，以致再也找不到商队。许多人都是这样丢掉性命的。有时候，迷路的旅行者会听到大队人马在正确的路线之外纷乱往来的杂沓声响，就会以为自己的大队人马在那边，并跟随而去。天亮以后他们才能醒悟过来，知道上当走错了，但为时已晚，早已置身绝地了。甚至在白天也会听到鬼语。有时候还有可能听到各种乐器演奏的声音，最常听到的是鼓声。因此做这种旅行时，人们已经习惯于彼此紧密团结在一起。牲畜脖项下也一定要挂上铃铛，以避免迷路的危险。睡觉的时候还一定要放置一个标识，指明下一站行进的方向。只有这样，才能够安全地穿越沙漠。

我们沿着极度干涸的罗布泊湖岸一大站一大站地走了过去，来到库鲁克塔格山东麓与沙丘高大成片的库姆塔格沙漠分界的一片开阔谷地。在那里，当时完全占据我的思想的并不是当地古代居民的宗教信仰，而是许多有趣的地理现象。这些现象完全吸引了我的注意力，特别是当时我们经过那处很像沙漠源头的地方和从那里走向前途莫测的下一个地段。

在库姆塔格山地南部，布满了高大的沙丘，并出现了一个巨大的盆地。盆地中央，有一连串干涸的湖床。湖床周围以及其间分布着许多高峻迂回的雅丹台地。这个盆地随后便被证明是古代疏勒河的终结盆地。如今，疏勒河的终点在更南部约15英里的大盐泽中了。毫无疑问，以前疏勒河水一定是注入哈拉淖尔的，但那是在更东面与此地相差一个以上经度的地方。

我们发现的古代疏勒河终点，极其富于地理学价值。这一发现，对于探究远古时代塔里木河与库鲁克河终点盆地的所有水道变迁是非常难得的例证。这表明，远古时代汇集了南山山脉大部分水量的疏勒河，曾经注入罗布泊。因此，罗布泊的来水流域应该从帕米尔高原起算，一直延伸到太平洋。

我有一种想法，在古代中国通西域的道路上持续不断进行的贸易，应该开始于张骞出使西域以后。而这条贸易通道，也充分见证了人类艰难发展的历程。根据《汉书·西域传》寥寥数言的记载，楼兰驿道东面的起点是一座有着坚固堡垒的边城，中国史书称之为“玉门关”。玉门关得名于和田玉。和田玉自古至今是塔里木盆地输入中国内地的一宗重要物品。但是输入和田玉的玉门关到底位于何处，中外学者的看法却不尽相同，也就是说大家并不知道它的确切位置。

我在若羌阿布旦一带考察时，在通往玉门关的道路上没有找到任何可以说明问题的古代遗迹。

所幸的是，阿布都拉帮我物色的向导老穆拉是行走于这条道路上的积年老客。他曾告诉我，从迂回错乱的高大雅丹台地一带出发，第一站便要经过我们将要见到的第一座“宝塔”。正因为有他的介绍，我才满怀希望地有所期待。

3月7日傍晚，我们走过一片满是石子的高地。在离我们所走的道路之外约1英里的地方，一个小土堆引起了我的注意。

走到那里，我不禁大喜过望，原来那里是一座保存完好的古代烽燧遗址。

烽燧建在深峻陡峭的干河床边，易守难攻。与烽燧毗连处，我还发现了一座小型地表建筑的基址，很可能是守护烽燧士兵的住所。简单清理之后，我找到了一些残破铁器、有刻画图案的木头，以及一块坚韧的毛织物。这些发现物证明了我之前的判断。后来有系统地进一步调查证实，这是一座戍卫古代边境线西端前沿的烽燧。

第二天早晨，我们刚刚离开疏勒河终点的营地，便看见东南方不远处一座石山岭上耸立着一座烽燧遗址。我安排大队骆驼继续前进，自己急忙赶上前去调查。烽燧的建筑方法与第一座完全一致，在周围的平沙堤面上没有发现任何其他建筑遗迹。不过，环视之下，我的注意力立刻被近处沙地表面露出的一束芦苇所吸引。沿着这道芦苇束往高地走出没多远，还有另外一座烽燧。至此我才明白，芦苇束原来就是一道横越洼地的边墙。

略微打量和搜检之后，我发现自己正站在这道芦苇筑成的古边墙上。清理下去薄薄一层流沙，用大把捆扎的芦苇束和泥土交互叠压方法修筑的古长城边墙立即就显露了出来。墙体经过盐卤渗透之后坚固异常。墙体外部，与成捆的芦苇束成直角，层层堆积，捆扎得非常细致，整体形状呈梯形。芦苇束的长短大小完全一致，都是长8英尺，粗8英寸。这种建筑材料奇怪、形状诡异却无比坚固的边墙本身并不能说明年代。但随后的发现，大大增强了我寻找年代证据的信心。

墙顶芦苇束中有一小角丝绢露出，仔细剥离出来翻捡之后得到一些五彩绢画残片和木简。那些写有汉字的小木片保存完好，上面的文字异常清晰。不过木简的样式显得非常古老，没有年号，仅有“鲁丁氏布一匹”的字样。我的汉文秘书蒋师爷对待木简的态度极为谨慎，很小心地判断说，仅就字体而言，要远早于公元10世纪以后所有曾经使用过的文字。我虽不懂汉学，但我大胆地作出一个判断，它很可能是汉代的东西。

这些古老的的东西，怎么会和筑墙材料混杂在一起？当时我并没给这一问题以足够的关注，而是把注意力都集中在那条朝东南方向绵延而去的古长城。为了尽快追上正朝敦煌方向行进的大队人马，我只好匆匆离开向东赶去。从一座古城堡走向另外一座古城堡的路途中，古老的长城一段又一段不时地出现在我的眼前。

古长城如今大都已经变作平地上微微的隆起，仅在个别地方保留有六七英尺高的残墙。不过，在古长城所在位置进行挖掘时，立即就会发现与上述芦苇或灌木同样的筑墙材料。傍晚，在抵达营地之前，我已经获得充分的证据，表明这条连绵不断的古长城是用来戍卫边防的军事设施。

毋庸置疑，我的这一发现意义重大。我的探险之旅当然要继续下去。沿着这个方向又走了大约两站地，路程大约50英里，我发现，这些古代烽燧实际就建造在古代大道旁，而我们所走的路线就是古代道路。一路上，我还发现了另外一些古代遗迹。在邻近敦煌沙漠的地方，我们被迫改变路线，穿越一片红色戈壁滩，向东南方向行进。

在敦煌西部沙漠地区开展考古探险工作，并对发现的古代遗址进行系统发掘之前，我必须先要筹备好给养和雇用足够的发掘民工。有鉴于此，我只有先向南前往敦煌。当地不久前的一次暴乱，给敦煌这片沙漠绿洲造成了巨大的破坏。如今，在敦煌这座小城四周仍随处可见暴乱的痕迹，满目疮痍，人烟稀少。在这种情况下，想要找到足够的发掘民工，其难度可想而知。幸好，当地官员对我的学术目的表示理解，尽力给我提供帮助。3月24日，我终于得以率领12名发掘民工再一次向沙漠进发。

我推测，沿途所见到的古长城一定是向东方延伸而去了，并且很可能是沿着疏勒河南岸和其他东西方向分布的湖泊修建。为了证实我的推测，我让探险考察队改变行进路线向北前进。经过两天的搜寻，我们没有找到任何古长城遗迹，我的推测没有得到证实，想在北部找到古长城遗迹的希望落空了。不过，后来进行的探险考察结果表明，由于疏勒河及其主要支流党河时常泛滥，那一带的古长城遗迹完全被淹没或冲毁。我们调整方向朝更远处的东方行进之后，我惊喜地发现，又有一段蜿蜒伸展的古长城伴随着烽燧出现在眼前。随后的考察使我断定，这段古长城距离疏勒河洪泛区大约有16英里，古长城在那里实际上并没有间断。

古长城位于高地的戈壁上，比附近的洪泛区高出许多。古长城延伸至低矮的沙丘地带便突然消失，然后在沙丘地带的另外一头显露出很长一段保存良好的城墙。城墙使用一层芦苇加压一层泥土的方法层层叠加而成。因为所用泥土和水中含有大量盐碱，在盐碱日复一日的作用下，芦苇层已经半石质化。

在这种严酷的自然环境中，长城本身就足以抵御任何自然和人类的力量。芦苇束的韧劲和黏着性，使长城抵御住了两千多年从不间断的风沙侵蚀。在这里，选择芦苇这种材料比选择任何其他材料都要高明。眼前的景象，使我由衷地感叹中国古代工匠的高超技艺。在黄沙漫漫的荒漠地带，从来就没有什么物产可资利用，有些地方甚至滴水全无，构筑这样一条坚固的长城，是一项极为困难的巨大工程。

在长城戍堡附近，以及与戍堡毗邻的房屋附近都有古代垃圾堆。根据经验，我安排民工对古代垃圾堆进行仔细的挖掘。很快，我们就发现了不少汉文木简。这让我兴奋不已。汉文木简上都有年号，我的汉文秘书蒋师爷粗略地检视了一遍，说木简上所记年代大都是公元1世纪。

这些汉文木简无疑是迄今为止存世较早的汉文文献。这些公元1世纪汉文木简的发现，充分说明我眼前的古长城遗迹应该是中国西汉王朝修建的。

尤其令我高兴的是，蒋师爷仅匆匆检视一遍，便立即弄清楚这些汉文木简的基本内容：有日常军事活动简报和军事行动命令，也有接收军事装备和日常供给等事项的呈报，以及不少关于个人事务的信件。此外，还有一些出土物是供学习使用的启蒙教材、习字帖和练习纸，等等。这些材料蕴含着极为重要的历史文化信息，有待日后进行充分详细的解读。

出土的纸质文书，就其表面的年代而言十分杂乱。木简最为常见的样式是长约9.5英寸，宽约0.25或0.5英寸。每行书写的汉字通常为30多个。书法简洁明晰，纸面非常干净，应该是那个久远历史年代流行的书法形式。木简使用的材料，除光滑细致的木片和竹片外，还有就地取材做工粗糙的胡杨木片。胡杨木片大多用于不太正式的通信和记录，制作上没有一定之规，随意性很强。每片木简上几乎都有刮削过的痕迹，很显然，它们都被重复加工使用过，表明木简书写材料的匮乏与珍贵。从将士们居所附近的垃圾堆中，我又找到一些其他有历史价值的杂物。综合木简研究所得结果可知，这里的屯戍将士大多是犯了罪的人，被从中原地区发配到遥远的边塞戍守边疆。

4月1日，我们完成了对周围所有戍堡遗址的考察与发掘。酷寒的沙漠风暴刮得越来越紧，遮天蔽日的沙尘暴终日不息。我们被迫转移营地向东进发。此时，民工们早已筋疲力尽，支撑不住了。在这种情形下，无论我怎样不情愿，都只能先暂时撤回敦煌绿洲的补给大本营。在大本营休整了一天，我又招募了一批民工，并购买补充了给养，准备在绿洲西部沙漠进行更为长久的考察与发掘。

这次，我改变了路线，首先进入南湖绿洲附近的小片沙漠。南湖绿洲有一片小村落，我在这里找到了《汉书》记载的古代阳关遗址。阳关是这一地区军事设施的一个关口，用以戍卫通向塔里木盆地的西域南道。这条道路，沿着昆仑山东部险峻荒芜的前山地带一直通往西方。由于邻近干涸的罗布泊湖床，敦煌通往若羌的沙碛古道旁的泉眼、井水含盐量都很高，水质极为苦涩，根本不能饮用。这里的道路，从每年的晚春季节到冬季再次来临之前都不能通行。不过，也有少数商旅在此期间冒险使用这条道路。

4月10日，南湖绿洲周围的考古探险工作宣告结束，我们随即转向北部沙漠纵深地带。第二天，我们便到达靠近第一次探险考察时扎营的古长城烽燧线附近。现在，我又回到古长城边上，对古长城和戍堡遗址进行全面发掘，以及对我们力所能及范围内的古长城进行测量。天气情况变得越发恶劣，而我的给养供给路线却越来越远，我的工作难度超乎想象，几乎陷入困境。

不过，这是一项非常迷人和令人充满激情的工作。我用了一个多月时间，在古长城沿线进行了忙碌的考古探险，其中包括有关这些古代军事防御工程——长城的防卫情况、沿线古代居民的生活状态，取得了丰硕的成果。

在向西绵延而去古长城经过的一块砾石高地上，傲然耸立着许多间距不等但保存良好的古代戍堡。这些戍堡不论是用土坯砌筑还是用泥土夯筑，都仍十分坚固。所有戍堡都是从基底开始逐渐向上收缩。每座戍堡以前肯定还是一座瞭望台。当然，要想赢得战争，也应该有雉堞作为护卫设施。大多数戍堡的顶部只能用绳索攀援上去。现在仍然能够在戍堡墙壁上清晰地看见供托足用的脚坑遗迹。戍堡所在位置也全部经过军事防御专家的特别选择，占据着地利，既方便防御也利于瞭望观察。因而各戍堡之间的距离，完全取决于是否便于观察长城以外的情势，而不以某一确定距离为定规。当然，戍堡同样都处于较高的台地上，以便发布和传递烽火信号。烽燧传递信号，白天使用狼烟，夜晚使用明火，整个长城防御设施的运行有一套组织严密的信息传达制度在沿线全面推广。

我的考察一直向西进行到古长城断绝的地方，重要的发现还有古长城一直通向罗布泊腹地的古代道路延伸，其用意明显在于保护和监视交通路线。不过，在疏勒河河床经过的地方，古长城止住了脚步，突然朝西南转向，继续蜿蜒伸展了24英里后终止于沼泽地带。显而易见，古长城以大角度囊括了疏勒河盆地重点的东北部地带，蜿蜒向北伸展了约300平方英里，而不再布防的沼泽地带在一年的大多数时间里极难通行。这对于古代骑兵的突袭有着直接的防御作用。正因为有广阔的天然屏障不用防守，古长城才在这里终止。

图72　敦煌古长城遗址

图73　敦煌古长城上瞭望台遗址

图74　敦煌古长城烽燧遗址，俯瞰哈喇淖尔西边的湖泊

图75　敦煌古长城烽燧遗址，以及与之相连的营房和梯子

第十一章

古长城遗址

公元前121年，汉武帝在南山北麓将匈奴逐出河西走廊之后，立即根据他的西进政策，在通往中亚的关键道路上修建永久性的军事基地。据《汉书》记载，汉武帝当时及时向西延伸修筑长城，开始了河西长城修建的第一步，目的是保护通往塔里木盆地的大商道，同时也可以向西拓展西汉王朝的政治影响。

那时，匈奴人在北部沙漠地区依然纵横驰骋，耀武扬威。护卫这条漫长的贸易与军事交通线的安全，成了西汉王朝的当务之急。

汉武帝元封三年（公元前108年），自肃州远至玉门关一带便已经出现由驿站和戍堡组成的连续不断的长线军事警戒系统。那时的玉门关应该还远在敦煌以东稍远的地方。到了太初三年至太初四年（公元前102年—前101年），汉武帝第二次远征塔里木盆地成功以后，“于是自敦煌西至盐泽往往起亭障”。作为军事设施，亭障的作用就是保障政治使节和商队往来的安全，并为他们供给沿途需要的给养。我们知道，汉武帝对维护中亚地区主要通商道路的畅通，以及军事上西进中亚的战略政策，并没有因为地理环境和自然条件的严酷而退缩。

长城沿线遗址的考古发掘得到了出人意料的收获。收获最多的是，长城线以内约2英里一座驿站小型建筑遗址。驿站的设计是长城沿线较为常见的那种形式，形制布局很容易弄清楚。入口处的小木门框仍然在原来的位置上。屋内被火烧过，泛红的墙体边有一个灶台，灶内的灰烬还在。从室内发掘获得不少木简，这些木简大多是官府的公务文书。其中一枚木简上书写的年号日期是汉宣帝地节二年（公元前68年）。最为重要的收获，来自对遗址外不远处戈壁斜坡上一个古代垃圾堆的检视和考古发掘。发掘刚开始不久，我们就找到了许多汉文木简。仅仅在数平方英尺以内的地方，出土的木简数量就达到300多枚。从发掘现场看，这很可能是某位小官吏的全部档案文件被倾倒在垃圾堆中。从许多书写有年号木简的记录内容来看，大致可以判断，这些文书很可能是当年某位书启书写的公文，时间是汉宣帝元康元年至五凤二年(公元前65年—前56年)。在发掘出土的文书中，有相当一部分只是重新抄录或转述保卫边防的相关诏谕，内容主要是关于在敦煌地区建立屯田区域、设立亭长或修建长城城墙等。此外则是在长城沿线部署的军队组织形式、分地驻扎的各个部队不同番号名称的记录，也有一些关于长城沿线各地方、屯戍部队上下级之间的报告和命令。其中一些文书提到“土官”这一名称，似乎说明屯扎此地的部队中除了中国内地人，还有当地土著人。这种现象，与罗马帝国前线部队中使用驻扎地兵员的情况十分类似。不过，出乎我意料的是，在一处戍堡遗址发掘获得了一枚奇怪的木简残片，上面书写着只在古代撒马尔罕和布哈拉地区流行使用的古代粟特语。我个人判断，这枚木简很可能是作为符节使用的。还有一些奇怪而有趣的现象是，发现了许多木简上写有元康三年(公元前63年)、神爵三年(公元前59年)、五凤元年(公元前57年)等各种年号的精美历书，以及写有中国古代启蒙教育使用的小学教学课本内容。此外，还有一大堆重新切削加工过，但还未使用的木简原材料。由此可见，驻扎这里的军队中可能有官员和书记员一类的人物，他们急于想把自己书写的内容练好（这对以后的升迁发展十分重要），于是把原来写有文字的木简用刀削去字迹。有些木简明显可以看出再三刮削加工的痕迹，以此达到重复利用练习书法的目的。

根据发掘现场获得的资料，我们知道，在最西端这段长城建造完成之初，就已经有人居住和有军队驻扎了。现在我感觉已经没有必要继续停留在这里。当务之急，是把仍可使用的资源和时间用于向东考察古长城其余未曾被人触及的遗址。

在此期间，沿着我前面提及的沼泽地带，我还曾做过一些有趣的考察与发掘，获得不少珍贵的发现物。不过，在介绍它们之前，还是先来谈谈我在向东追寻古长城遗迹，发现T字八号戍堡，并进行考察和发掘的情况。我刚刚看见这座古代戍堡时，它呈现在我眼前的景象不过是一个砾石覆盖的低矮土堆。只是从它所处的位置判断，应该是一座古代戍堡。进行发掘之后，很快就证明了我的判断，土堆里掩藏着一座已经倒塌倾覆的土坯堡垒建筑遗址。堡垒倒塌的原因很可能是烽燧当年的施工和用材不当，以至于在后来的岁月里倒塌毁坏，并连带掩埋了附属的守卫人员居住办公的房屋建筑。

在清理覆盖在遗址上的瓦砾浮土之后，出现了一些奇怪的出土物。其中，有一件罕见的测量工具映入我的眼帘，形同鞋匠使用的足尺，上面刻着汉代使用的尺度。还有一些木印盒，盒上有小槽，可以相互咬合扣盖起来再用绳索捆绑密封。还有一件以前可能装在木牍盒内或盛装木牍的袋子里面的木简，上书盒内装有“玉门显明队蛮兵铜镞百完”，以及铜箭镞弩机等古代兵器。这类器物，以前我在沿古长城考察途中捡拾到很多。其中特别有趣的是，还有一个保存完好的木函盖，盖上刻有使用封泥密封的方槽以及使用绳索捆绑的绳槽。木盖中间低，四边高，隆起成为边缘，表明它原来是一个小箱盖。盖上清楚地写有“显明队”几个大字。

我的帐篷第一次扎在距离古长城不远的一个小湖泊近旁。

这里的古长城保存良好，并一直向哈喇淖尔方向伸展。古长城防御警戒线在这一区域连续通过一连串的沼泽和小湖泊。这片沙地从南部沙漠地带逶迤而下，一直通往疏勒河。

古长城在这里沿着一大片沼泽湖泊蜿蜒向东。疏勒河从哈喇淖尔流出后就注入此地，因而长城军事防御警戒线也就围着大湖绕了一圈。中国古代工匠在此地设计和选择长城线路，可以说苦心孤诣。如此一来，既凭借天然屏障作为防御之辅助，另外一方面还可以节省建造和维护的人力与物力。

古长城向东延伸到哈喇淖尔，然后利用护岸南部大片沼泽作为天然屏障。疏勒河沼泽和大湖之间的距离甚为广阔，它们共同构成了古长城防御线的水墙。这段除了河床明显短狭的一两段距离，其他地段都没有建造城墙的必要。

这里的地形地貌使我们在这个地点对于古长城防御工程的探寻显得格外困难。我的汉文秘书蒋师爷和来自孟加拉工程部队的助手拉姆·辛格每到一处遗址都立即投入发掘和清理工作。我对他俩从来都很放心，一直把他们留在后面指导民工挖掘。而我自己则带两名突厥人随从，骑马出发，探察前方可能遇到的一切遗迹现象。我让两名随从先行，前往寻找遗址，自己则暂时留在靠近水边扎起的帐篷里等候消息。等有了确切消息，我们随后再进行考察与发掘。当我一段又一段地走过荒芜的沙漠与盐壳地带，不停息地追寻古长城遗迹和古戍堡遗址的时候，我发现，没有任何一个地方，比在这种荒凉寂寞的边塞长城防御遗址中更能引发我的奇思妙想了。那些荒漠原野之中的盐湖沼泽，以及沼泽边缘狭长地带，有了古代戍堡遗址的身影作为追寻方向的引导，便可以迅速通过无效区域，从而避免了漫无目标地浪费时间。

那种想不断寻找和发现古长城遗址的心愿，使我常常处于兴奋状态。在许多路段，古长城伸展的方向与当地常年的风向一致。此外，一些低地因有隐蔽作用，极大地减少了风沙的剥蚀，所以有的地方古长城城墙依然高耸挺立。有些最高的地段，古长城城墙竟然高达12英尺左右。离开这样的地段，我们就得仔细观察地面，以便发现那些作为古长城分布线索的连续出现的低矮土堆。这种土堆，稍做清理，立即就会露出垛放整齐的芦苇柴束。

有一次，在一块特别向外伸出的高地上，我偶然探寻到了长城线的遗迹。从那里一直向东，很容易就发现了一座烽燧遗址。烽燧所在位置显然是经过特别选择的。烽燧遗址所在地本身是一块雅丹台地，站在台地上就可以清楚地观察四周低地的情况，所以烽燧并不很高。我坐在烽燧用于戍边将士起居的附属小型建筑内，极目远眺广阔荒凉的沼泽沙漠，情不自禁地想象着过去久远年代中戍守这里的士兵们惨淡的日常生活。因为没有其他任何生命活动存在，也没有什么现代因素的干扰，久久地，我才将思绪拉回到现实世界。

我脚下的古代戍堡自建成之后，在几个世纪漫长的岁月里，戍守士兵就是这样日复一日寂寞宁静地陪伴着它，守望着大商道。在古代戍堡附近不远处有一个巨大的垃圾堆，那都是由戍守此地的士兵们经年累月的生活和公务废弃物堆积而成。垃圾堆上面覆盖的一层薄沙，使垃圾堆里的物品得到了很好的保护，即便是一些极易破碎的东西也都还崭新如故。只要用靴子后跟或马鞭轻轻地拂去那层薄沙，当年被随手丢弃的木简便显现在眼前。不久，我便慢慢习惯了不时从几英寸的地面之下随手捡拾起早于公元纪年的珍贵文书了。

每当夕阳西下，黄昏临近，飞鸟归巢旅人投宿的时候，我常常独自一人骑马探察那些凌然屹立千年的烽燧。在这片广袤的荒漠里，每每想到两千年间人类活动犹如骤停一般消失无踪，自然环境也呈现出麻痹瘫痪的状态，一切都如同瞬间发生之事，人世间让我感动至深的事情没有比此更甚的了。几十英里之外，夕阳的余晖从一座座烽燧上反射过来，炫人眼目。闪闪的白光之下，城墙上的白色石灰涂层依然如故。这种白色石灰涂层的目的是要让人们远远地便可以看见烽燧。被流沙掩埋的城墙墙体下部偶然还保存有一部分白色石灰涂层，涂层的层次清晰可辨，显然在使用时期曾经经过多次修补维护。遥想在远古的年代，烽燧和长城防卫谨严，驻守士卒紧紧注视着随时可能出现险情的北部低洼地带，以防成群结队善于突袭作战的匈奴骑兵突然出现的情景。现在想来犹如就在眼前一样，令人无比激动和兴奋。

在古长城城墙和烽燧附近捡拾到的青铜箭头，以及蒋师爷所能就地辨识解读的木简文书内容，都能证明，古长城防御线遭遇突袭和发生其他军事险情是极为常见的。无意之间，我的目光投向盐碱地带左方的一片低洼地。那是一片绝佳的集结地点，当年的匈奴骑兵在滚滚烟尘中发起进攻之前一定在那里集结。只要突破以长城为首的军事防御设施，展现在匈奴人眼前的便是大道坦途，长驱直入，直达敦煌绿洲的任何一个角落，以及进一步向东进入人烟稠密的中国腹地。当我想到几个世纪之后，命运却安排那些在东亚叱咤风云的匈奴人西迁前往罗马帝国和君士坦丁堡的历史情景，刹那间，不仅是时间，甚至连空间距离的概念都全部消失了。

夕阳的余晖照射过来，过去的一切变得更加真实生动。古长城延伸的路线清楚地显现在我眼前，即便那些已经倒塌仅剩一道低矮土堆的城墙遗迹也是如此。那一刻，我突然发现，在与城墙平行相距约10码远的地方，有一道奇怪的沟形直线，走近仔细一看，原来是粗沙砾地面上一条狭窄的道路。这条道路，应该是古代巡逻士兵往来践踏形成的。这种道路大多位于离商道有一段距离紧靠城墙的地方。只要古长城城墙的高度还足以抵挡飞沙走石的侵袭，这种道路便会被保存下来。

在我初次探察古长城遗迹之时，便注意到一种奇怪现象：在许多烽燧遗址附近，我断断续续地看到，一些小堆排列成十字交叉的五点形，或者是排列成一道直线，彼此相距又不很远。走近仔细观察，小堆的底部大概在7英尺到8英尺之间，全部由芦苇捆作十字交叉形状一层层堆积建成，高度从1英尺到7英尺不等，结构和材料全部一样。芦苇束最初放置时中间插有胡杨树枝条，作为支撑架构，时间长久之后便不再需要。两千多年来，经过盐碱无休止的侵蚀，芦苇束都已经半化石化。不过，剥开芦苇秆，内部的纤维仍柔软如初。芦苇束的这种大量分布，起初我以为这是用来建造长城城墙的材料，放置在此处是为了供不时之需。但是后来在几处离古长城较远的烽燧遗址附近再次发现这种芦苇堆，同时还不断发现一些被火烧过已经炭化的芦苇捆，我这才恍然大悟。原来，这些堆积起来的芦苇束是为烽燧昼夜燃放烟火准备的材料。随后获得的古代木简文书记录也提供了这方面的充分证据，证明在这一带的古长城沿线，预警烽火制度异常严密完整。

在这段古长城的一座烽燧遗址被流沙掩埋的小房间内，我发现了八封用古代粟特文字书写的纸质信函。这一发现，在此之前从未有过。在我发现它们时，有些外面用绢包裹，有些则用绳索捆系。书写信函所用的书体过于弯曲，加上其他一些原因，致使当时现场释读极为困难。现在我们已经知道那是中亚一带的商人来到中国后回寄的信件书函。他们显然更喜欢使用当时新近发明不久的纸张，而不是中国人习惯使用或者说墨守的木简。

研究结果表明，书写这些书函的材料是我们现在所知的最古老的纸张。它的制作方法，是先把麻织物弄成浆，然后再用浆造纸。这正好与中国古代文献记载汉和帝元兴元年（公元105年）发明纸张时使用的方法一样。这些信函用纸，以及在古长城沿线其他烽燧遗址中发现的残破纸片，都与历史文献关于纸的记载十分吻合。由于有出土木简文书明确纪年的证明，这一带长城除最西边的那一段外，应该一直坚守到公元2世纪中叶以后。而在公元最初20多年王莽篡汉动乱前后，这一带长城可能曾被废弃过。

关于公元1世纪古长城曾经修筑过一道复线一事，所指就是从沼泽地中间向南横向修筑年代稍晚而又有欠牢固的城墙，学术界对此一直持不同意见。此处依傍着古代商道耸立着的那一座威严的古代方形城堡遗址[①]，也应该是对古长城复线最明显的证明。古城堡用土坯砌筑，城堡外面的大部分墙面都已经风蚀剥落。在城堡内部，我们没有找到任何有年代证据的物证。不过，在距离古城堡约100码的地方有一个小土堆，通过发掘清理，我们确定那是一座重要的古代驿站遗址。遗址中出土的大量汉文文书表明，我们偶然间撞到了汉代那条控制着整个沙漠地区最重要商道的玉门关遗址。在这里的一处被当作垃圾箱使用的深窖中，出土了大量保存完好的木简。木简记载的内容涉及古长城的军事组织、戍守、服役人员等鲜为人知的细节。

① 即小方盘城遗址。（译者）

向北行进约3英里，就是朝南部横向延伸的城墙与古长城线的接合部。在那里一座烽燧遗址附近的垃圾堆中，又发掘出了许多木简。木简记载的年代跨度在两个世纪以上。这处遗址一定也是古长城线上一座重要的军事设施。在出土文物中，最为有趣的是一块丝绢，绢头同时写有汉文和婆罗米文字。它清楚地表明，这是迄今发现最早也是最直接的古代丝绸贸易的历史证据。绢头上的文字内容包括丝绢的产地和每匹丝绢的大小、重量等。同样罕见的是，我们在这里还找到了一个被仔细捆扎的小盒，盒内放置一枚连带残破箭杆与尾羽的铜箭。盒上写着："（破）箭一支归库另易新者。"古长城沿线遗址中所获文书中有关更换新弓、新弩，归还报废品的记载数不胜数。

距离古玉门关以东约5英里，在古长城内里商道旁边，有一座规模宏大的古代建筑遗址。遗址中有三间相互连接的大厅建筑，全长560多英尺。对于这种古代建筑遗址的功用，一开始我较为困惑。古建筑土坯墙壁坚实厚重，至今能够看到的墙壁高度仍达到25英尺以上。墙壁上少量分布着几个孔洞，显然是作为通风孔使用的。古建筑有内外两道围墙，围墙四角建筑有敌楼。怪异的遗址建筑形式，令我们许久猜不透它的功用，以为可能是用作古长城沿线军队屯驻、调动，以及朝廷官员和外交使节取道沙漠大商道时供给一切需用的大型仓库。后来在内围墙一角的一个垃圾堆里发掘出土了一批汉文木简，木简内容多有提到从敦煌绿洲向这里输送粮食，以及此地储存的衣物

图76　千佛洞南区的佛教石窟群

等物资，从而给以上这种猜想提供了证据，并由此确定，我们在这里找到了古长城线前方的后勤基地。这种后勤基地对于卫戍荒漠边塞的军队，以及取道沙漠大商道来往楼兰的人们尤其重要。

至此，我们关于古长城线的西部探险考察情况介绍暂告一段落。

1907年5月中旬，我的探险考察已经远达哈喇淖尔。那时天气越来越炎热，虽说沙漠中常常刮起沙尘暴，但对于缓解酷热却无济于事。再加上沙漠环境带来的其他困难和人员长期劳作的疲惫，我们被迫再次返回绿洲。

那年秋天，在完成南山山脉探险考察之后，我又重新返回沙漠，沿着疏勒河继续向东、向南，一直抵达玉门县河流大转弯处，详细测量和考察了这段古长城。玉门县就是由后来的玉门关而得名。

关于额济纳河，直到1914年第三次探险考察时，我才能够从敦煌直接前往，重新对古长城做了系统的考察与考古发掘，累计行程约330英里。

通过考察得知，安西沙漠绿洲东面的古长城已经修筑到疏勒河右岸，其走向靠近深削陡峭的河岸。由于当地东北风强劲，从北山戈壁高原刮来的大风风势猛烈，在干旱荒凉的疏勒河沿岸黄土地带展示出强劲的风蚀力量，所以古长城遗迹保留下来的很少。

关于古长城，中国最初开始进入中亚，便迅速构筑起这道堪称奇迹的惊人的工程，并继续维护保持这条军事、商业大通道，这已经足够说明所需要何等的决策能力，以及拥有何等高效的系统组织。但只要看看执行这种西进政策修建长城所经过的那些严酷可怕的自然环境，人们便会不禁惊叹于中国人毅然决然地向前延伸长城，以及随之推行的汉代西进政策。同时，也可以想见，当时，中国在人力方面一定经受了巨大痛苦，付出了巨大牺牲。

再往东，古长城线逐渐接近穷荒不毛的北山山麓。在这片

图77　藏经洞附近倾圮的千佛洞石窟寺

区域内，汉武帝时代的那些军事工程专家遇到了极为可怕的天然险阻。而他们所表现出来的坚忍精神以及惊人的组织力量，再次通过留给后人的古长城遗址得到彰显。在营盘遗址绿洲东北约30英里，我们看到古长城线已然突入大片流动沙漠。在这里有必要说明，这片沙漠自古以来就存在。这里的古长城城墙全部用一捆一捆的红柳束混杂泥土筑成，厚度与通常的长城城墙一样。古长城迄今也没有被流沙掩埋，高度仍有15英尺左右。

图78　千佛洞遗址中部的石窟，前堂已暴露在外

图79　千佛洞南面组群中间部分附近的石窟

图80　王道士

第十二章

千佛洞石窟寺

在第一次探险之后的几年时间里，我一直在筹划第二次探险，并决心将探险范围扩大到中国西北部的甘肃省。

我的好友罗克奇教授曾经向我说过敦煌千佛洞，1879年他曾随赛陈尼伯爵的探险队到过那里，因而更加强烈地刺激了我渴望进行第二次探险考察的心愿。

1907年3月，我到达敦煌绿洲。几天之内我就疏通了各种关节，第一次踏进了那片宝地，探访了千佛洞石窟寺。就在那一刻，我怀着无比激动和兴奋的心情，清醒地意识到，自己的夙愿即将实现了。

千佛洞石窟寺位于敦煌东南部一条荒凉山谷的谷口，开凿在陡峭的悬崖峭壁上，距离敦煌绿洲大约12英里。山谷中有一条小溪从南山山脉中流下，横穿山谷中的沙丘，不过现在仅流至石窟寺前面便已干涸。小溪流出的山崖石壁上，分布着很多洞穴。这些洞穴规模不大，但很幽暗，洞内全无壁画，很像欧洲上古隐士隐居的迪拜斯洞穴。我认为，这些洞穴很可能就是供僧人们居住的地方。

自山崖向上，可以看见数百个大大小小的石窟，它们错落有致，犹如蜂房一般分布在深暗色的崖壁上。石窟寺从崖壁底部向上直到悬崖顶端，一行行密集排列绵延伸展的长度竟然有0.5英里以上。这些让我惊叹不已的石窟墙壁上都绘有壁画，甚至连洞窟外面也绘有壁画。而那个内部塑有大佛像的洞窟，更是老远便可一眼看见；洞窟内的巨大佛像雕塑高约90英尺，为了给大佛像以适当的空间，人们沿着山崖又修凿了许多屋子。屋子层叠而上，每个房间都有通向大佛像所在石窟的通道和采光口。

所有的石窟寺原来都凿有穹形的门，由于有些石窟寺外墙壁和内里涂有白石灰粉的内墙倒塌，洞窟便完全显露了出来。因而许多石窟无论原来有无石门框，后来都修筑了木门廊，不过它们也都已经残破不堪。向上层石窟攀爬了一段，发现连接各石窟之间的木栈道阶梯也已几乎完全破损腐朽，以至于山崖上许多石窟无法上去。不过由于穹门和木门廊都已经损坏殆尽，很容易便能够看见上层石窟内部的布置与装饰，它们在形式上与山崖下部那些石窟看上去并无太大区别。

石窟寺所在山前方地面以及底层石窟进口处，数百年来堆积了很高的流沙，不过并不影响向上攀爬进入。很快我就弄清了这些石窟通常的平面形制以及一般构造方面的布置情况，它们全部都比较一致。从长方形穹门进入石窟内部，要经过一条高而较宽的通道，这条通道同时也是采光通风口。各石窟内部大都是单单一座矩形前厅，以方形为多，于崖壁凿空砂岩而成，顶部呈圆锥形[①]。

前厅内部通常有一座矩形平台，台上雕塑有用缯彩装饰的塑像。台中央一般端坐一尊趺坐佛像，两旁随侍几个菩萨。各石窟菩萨像的数量并不完全一致，但一般都采用双侧对称的方式排列。千百年来，石窟内的塑像因雕塑用材因素和自然侵蚀，甚至遭受偶像破坏者恶意损坏以及善男信女重修和重塑的毁坏，毁损程度之严重，令人痛心疾首。

无论千佛洞石窟寺经受的破坏如何严重，现在保存下来的丰富的古代文物实物足以证明，由古希腊式佛教美术艺术发展而来的雕塑技术，以及经此地传播到远东的中亚佛教都曾经在敦煌存在和传播了很长的时期。

许多石窟内的雕塑造像的头脸和手臂，有些甚至连同上身，都已经毁于无知的破坏者之手，近来又遭受信徒的修缮。现代修缮的粗制滥造令人无法忍受，不过倒反衬出保存下来的那些古代塑像残部的美轮美奂。具体而言，比如衣褶布置安排

---

① 即穹庐顶。（译者）

之匀称，塑像颜色调和之精当，即是具体实例。大多数佛像都曾贴金或镏金，现在仍然依稀可辨，雕塑技法成熟高超。此外，印度西北边省梵延依山凿石修筑的大型佛像，以及和田各处佛教塑像表现出来的著名佛教美术形态，在这里都有具体的体现。

大型石窟寺以及许多小石窟寺石灰粉墙壁上的古代壁画，虽然都是佛教内容，但是其美术价值之珍贵，令人叹为观止。特别值得一提的是，这里所有的壁画都保存良好。这当然要归功于当地气候和石窟寺墙壁极度干燥的环境。此外，严密附着在山崖石壁上的石灰墙面的坚韧耐久也厥功至伟 。

石窟寺穹门墙壁壁画通常都是菩萨和尊者形象，并排列成庄严的行列。不少小型石窟寺前厅壁画中都有数量较多的小佛像或菩萨像匀称排列，正好与我在和田丹丹乌里克寺院遗址见到的壁画形式一样。大堂藻井装饰着精致的花卉图案，厅内壁画下防护墙板部分通常都绘有供养人像，有时也画一些僧人像和尼姑像。

厅内壁画下方布满了众多人物活动的精美绘画构图，画面中央通常是佛像，两旁环侍形态各异的菩萨、尊者之类的人物，很可能是佛教诸天画像。此外，画面内容也有表现各种景物的构图，景物内容复杂繁多，很可能取材于世俗的现实生活场景。汉文题记大多安排在一种涡形卷纹图案内，用于指示图画内容出自佛教经典的哪一个故事。后来，我才明白当时看到的画面是佛教本生故事。

这些佛教本生故事画用风格自由的风景画面作背景，建筑样式全部是中国式的，大胆描绘的人物动作和画面整体浓重的写实意味，非常明确地表现出中国画风。优美而又舒卷自如的云彩，漂亮的花卉装饰图案，以及其他精美的装饰，风格完全一致。所有主尊佛像以及环绕佛像的菩萨侍者虽然表现样式繁复多端，形态相貌端庄威严，但是从中亚流传过来的印度造像样式仍能清楚地看出。虽然石窟寺壁画在绘画技法方面显而易见地掺入了中国绘画技法的味道，但那些希腊样式佛教艺术的各种成熟技法和表现形式，仍然保存于佛像菩萨和尊者的面目鼻眼以及衣褶样式之中。

尽管石窟寺造像、壁画存在这种强烈的保守倾向，但那些壁画仍各自表现出一定的变化与发展。考古证据表明，这些大型石窟寺的绝大多数部分开凿的年代在唐代。如同敦煌绿洲一样，千佛洞从公元7世纪至10世纪盛衰起伏，曾经延续使用了很长一段时期。一篇唐代碑文拓片表明，千佛洞始建于晋废帝太和元年，即前秦建元二年（公元366年），由此看来，唐代以前的石窟寺应该可以找得到。石窟穹门以及过道墙壁上的壁画风格较晚，但技法更熟练，线条的表现力更强。石窟寺壁画很多都受到了损坏，根据年代较晚的碑文记载，元代曾对石窟寺进行过多次修缮。

从唐代到元代，中间经历了数个世纪，那时候中国边陲早已不再以长城为界。敦煌绿洲北有突厥部落来犯，南有吐蕃人入侵，种种动乱，片片血光，直接影响到了千佛洞的繁荣和修持期僧尼的人数。但是，无论这些变动与毁坏的结果如何，敦煌绿洲佛教信仰习俗一直保持了下来，没有改变。在逐一对石窟寺进行考察之后，我确信，马可·波罗在他的游记中记述敦煌当地民众崇拜偶像的奇异风俗，也应该是他看到这里众多的石窟寺，以及民众崇拜佛像的宗教盛况，给他的印象极深的写照。

时至今日，敦煌的善男信女对混杂了中国民间宗教因素的佛教信仰之热诚，仍然令人印象深刻。我第一次匆匆造访千佛洞时，便已觉察到那些石窟寺虽已颓败，但仍是当地民众朝拜祈祷的真正宗教场所。5月中旬，我完成对古长城遗址的探险考察返回敦煌绿洲时，恰逢当地每年举办盛大香会期间，草地上聚集着来自城乡各地成千上万的虔诚信众烧香拜佛，场面之宏大，风气之热烈，令我深受感动。因此我必须小心行事，虽然眼前到处都是机会，可以轻易获取许多珍贵的文物用以研究佛教艺术，但是我尽量克制自己，开始时仅限于进行考古学考察方面的活动，以免激起民愤，酿成危机，给自己带来危险。

1907年5月21日，我重新来到这片佛教圣地，此时的千佛洞早已恢复了往日的荒凉寂静。我放心大胆地把帐篷扎在草地上，准备在此地做长久的停留。这里，我坦诚地说明当时自己确实忐忑不安地心怀获得珍贵文物的期望。其实，我刚到敦煌不久，便隐约听到传说，几年前的一次偶然之间，在一座石窟寺内发现了很多古代写本。根据向我提供消息的人汇报说，那些写本文书现在由一位道士保管，因为他重修庙宇，无意间发现这些物品，后来惊动了官府被勒令重新封锁，如此云云。这样的宝物当然值得我去努力探察。

我第一次来到千佛洞石窟寺时，正值王道士前往敦煌绿洲化缘。千佛洞只有一位年轻的僧人住在那里，于是我便向他打听石窟寺发现古代文书写本的事情，得知古代写本都发现于主体石窟寺群北部一个大型石窟寺内的密室中。密室入口以前砌墙封闭并一直被石窟寺窟顶坠落下来的石块和流沙掩埋。多年来，这里的僧人一直虔诚缓慢地清理石窟寺内的积沙壅土。后来，在甬道绘有壁画的墙面上发现一道裂缝，透过裂缝发现后面有一间密室，而裂缝所在的墙壁正是被封闭后密室的入口。

据那位年轻僧人介绍，密室里面满满当当地堆积着古代写本卷子。密藏卷子的数量足够装好几车，现在密室所在石窟寺的大门已经被紧锁起来。当时我所能够见到的古代写本只有一轴长卷，它是那位年轻僧人借来为他修行的小寺院增光添彩的。长卷上所写的汉字书法很美，蒋师爷拿过长卷匆匆一览，便说书写内容是一卷佛经，写本上没有明确的纪年，仅从纸张和书法字体来看，年代十分久远。我立即决定放下一切正在进行的考察和研究，就地等待。所有的事情都要等到看见那个隐藏已久的古代图书馆再说。在证明确实存在传说的那个古代写本密藏之后，我被一种狂喜的心情所左右，忐忑不安地期待着上天的眷顾。

5月中下旬，当我再次来到千佛洞时，王道士已经在那里等候我的到来。他看上去是一个很奇怪的人，极其狡猾机警。王道士并不知道他所保管的东西的价值，它对于与神相关的事情充满了畏惧。一见面，我便清楚地意识到此人并不好对付。由于我急于看到的那所密室狭小的入口已经被砖墙砌断，因此要想很快接近那间满是藏书的房间绝非易事。我的汉文秘书蒋师爷也对我谈及王道士这类人的通常特性，这更加让我感到与王道士打交道的难度，对于能否在千佛洞有所收获，我越发没有把握。我准备倾尽所有的金钱来打动王道士，但是觉得并不稳妥，因为王道士对于宗教的虔诚情感有可能会战胜金钱的吸引。再者，我花钱收买王道士并获得佛教写本，此举会不会引起当地佛教信徒的愤怒也未得知。王道士用化缘募集的资金重修佛像和洞窟的效果虽然十分粗劣，但是一个社会地位卑贱的道士能够全身心投入宗教事业，极力重新振兴宗教庙宇的已有成绩，还是让我压力重重。就我在千佛洞所见所闻而言，知道王道士几年来多方募化，将辛苦化缘来的金钱全都用在上面提及的事情上了，他个人及其两位徒弟几乎从来不曾胡乱花过一文钱。

对于王道士有意或无意阻碍我接触藏经洞宝藏的行为，我是如何与他进行长时间斗争的经过，这里就不详细叙述了。王道士对中国传统学术一窍不通，我想从学术方面用崇高的人类历史和文明研究的伟大目的来感动他，但根本无济于事。所幸的是，我还有中国唐代伟大的玄奘法师可资利用。这期间，蒋师爷又倾尽全力周旋其中，最终得以获得成功。事实证明，我对玄奘法师的崇敬之情对此帮助很大。王道士一身俗骨，对佛教事务更是一无所知，但对玄奘法师却无比崇敬。这种感情的热烈程度与我对当地古代遗址和文物的热情几乎相当。

王道士对玄奘法师的敬奉，从他在石窟寺对面新建两廊上的壁画可见一斑。在这些壁画上，他着重绘画了玄奘法师的事

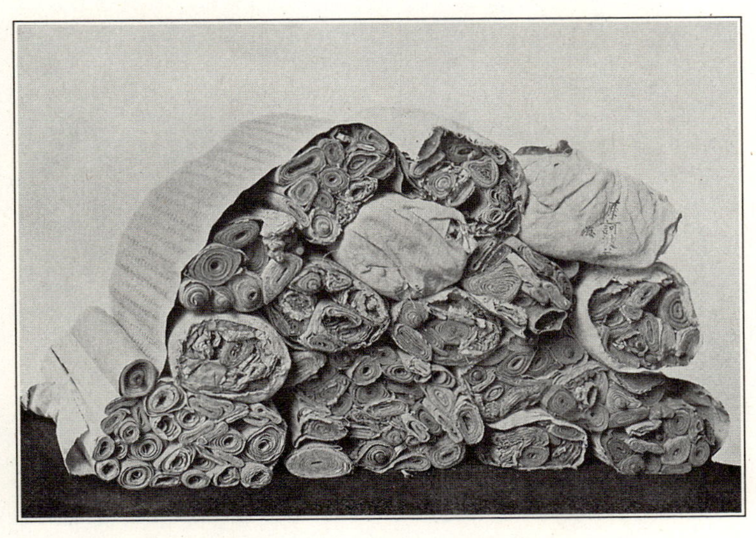

图81　藏经洞里的古代经卷，主要用汉文写成，盖有原始封套

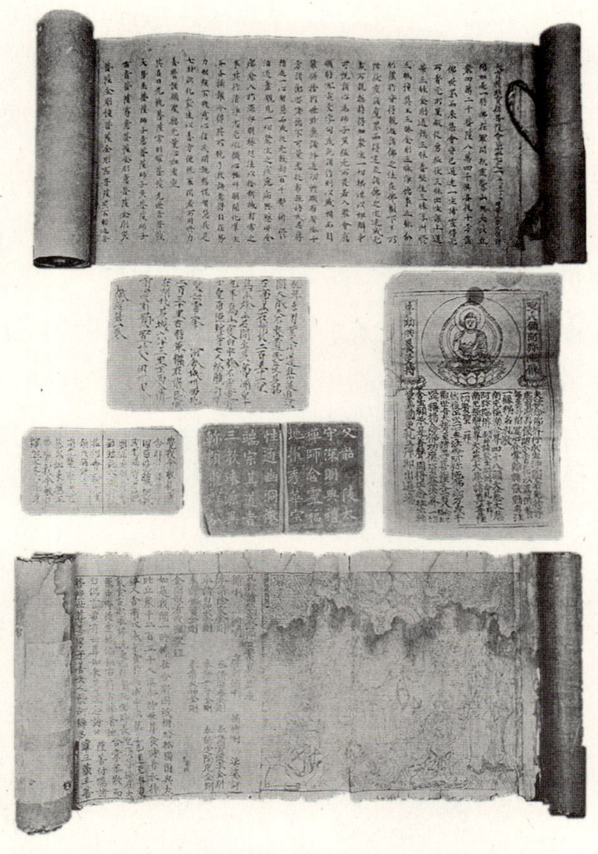

图82　藏经洞里的汉文手稿和雕版印刷品

迹，不过所画的内容都是民间传说。这与《大唐西域记》和《大唐大慈恩寺三藏法师传》中的记载大相径庭。但这并不妨碍我的计划，当我用极为蹩脚和有限的汉语向王道士说，我是如何

图83　藏经洞里的巨幅经卷，上有梵文经文和婆罗米字体的“未知语言”经文

崇敬玄奘法师，以及我是如何沿着他的足迹，从印度横越崇山峻岭和沙漠死海来到敦煌朝圣的经历时，他竟然被我的话深深打动了。

图84　蒋师爷在解读汉文简牍

第十三章

密室中的发现

王道士最终答应在夜间将密室中所藏的汉文写本卷子悄悄拿出几卷来交给我的汉文秘书蒋师爷，以供我们研究。王道士认为，他之所以这样做完全是因为玄奘法师显灵。我们极为仔细地研究了那几卷汉文写本卷子，确定那是几种汉文佛经，原本来自印度，由玄奘法师从梵文译为汉文。由于真正见到玄奘法师翻译的佛经，蒋师爷也一脸惊愕。这难道不是那位圣僧在我从西方不远万里来到这里的紧要关头显灵，把石窟寺密室秘藏千年的大量古代写本文书显现出来，作为我一生致力于考古的恰当报酬吗?!

在这种半神性暗示的影响下，王道士的勇气大增，终于在那天早晨把通向秘藏无数珍宝的密室的那扇小门打开。在王道士手中那盏光线昏暗的油灯下，我的眼前却豁然展现出了另一个世界。密室内的地面上，一层层古代写本卷子紧密地随意堆积在一起，高约10英尺。据后来的实际测算，密室内堆积的写本卷子占据的空间将近500平方英尺。密室仅9英尺见方，站进去两个人，便没有什么空余的地方了。

在这个黑洞洞的密室内，不可能进行任何考察工作。王道士从古代写本堆中抽取出几捆卷子，让我们带到新建佛堂一间僻静的房间内，再拉起一道帘幕进行遮挡，以防外人窥探。我按捺住激动的心情，急忙快速地把每一卷写本浏览审视了一番后，便当即确定，这座密室宝藏无论从哪一方面来说，其重要性都是不言而喻的。厚大的卷子使用的纸张十分坚韧。卷子高约1英尺，长逾20码。打开第一卷写本，是一部汉文佛经，它完好如初，保存极好。

仔细翻检考察之后，我发现，在每卷写本末尾，一般都书写有年号，时间大约在公元5世纪初期。从字体、纸张以及书写形式来看，年代也十分久远。其中一卷汉文写本经卷的子卷背面，有一大篇用印度婆罗米字体写成的文字。由此可见，在书写这份卷子的年代，印度文字和梵文知识在中亚佛教中还很流行。古代宗教与学术文物密封于荒山石室之中，历经千年而未曾损坏，这种情况在我看来并不是什么稀奇事。很显然，千佛洞所在的荒山峡谷中大气的水分极为有限，即便有一些水分，卷子密封在石室中也就与之隔绝了。

这是一座正在等待我们开发的新奇而无比珍贵的古代文化

宝库。在亲手触摸到它之后，我的心情由刚开始几小时的愉快和兴奋，变得极为丰富和复杂起来。王道士自从被我们用心开导之后，便热心地把那些举世仅见的古代写本文书卷子一捆又一捆地从密室中抱出来交给我。这些卷子，有整卷整卷的长卷，也有一包一包的贝叶写本，它们全都是吐蕃文佛经。毫无疑问，这类吐蕃文经卷是吐蕃人占据这一地区时留下来的，大体年代在公元8世纪中叶到9世纪中叶。由此看来，藏经洞密室的封闭时期也很可能就在这一时期之后不久。这一点，根据洞口摆放的一块唐宣宗大中五年（公元851年）的石刻碑铭也可以得到证实。这块石碑，是王道士从藏经洞密室中移出，先镶嵌在佛寺墙壁上后又搬到室外的。

在藏经洞密室收藏的古代写本文书中，除了有许多散乱的汉文和吐蕃文写本卷子，还夹杂有许多用古代印度文书写的长方形纸质写本文书。文书中使用的语言，有的是古印度梵文，有的是塔克拉玛干地区佛教徒用来翻译佛经的方言。就其数量和保存的完好程度而言，是我此前所有探险考察的发现与收获都无法与之相提并论的。

最令人高兴和激动的是，我发现密室内有一个保存完好的奇怪大包袱，包裹所用的是一张坚韧的无色画布。打开之后，里面全都是画在绢上或布上的古画。其中还夹杂着一些纸画和画面精美的印花绢之类的东西。这些东西，可能是当年信徒们作为发愿供养之用的。我最初得到的绢画大多为长度在两三英尺的条幅。从条幅的三角形顶部和旁边垂挂的流苏来看，可以断定这是古代佛教寺院使用的旗幡。打开一看，旗幡上所画的全都是美丽的佛像，颜色谐调，鲜艳如初。

制作旗幡使用的材料是轻薄透光的细绢。在随后一次打开大型绢画的过程中，我发现了这种绘画材料的危险性。绢画的四周原来都用坚韧的材料做衬托，但由于长期悬挂在寺庙墙壁上，绢画受到了一定程度的损害，加之收捡时过于匆忙，卷叠得过紧，致使丝绢发生破裂。

这些绢画经历了千百年的堆积和挤压，在被发现之后，如果全部强行打开，必定会有损伤，但是这无损于这些古画的价值。我们随便从中挑出一卷，都可以看到画面精美的人物形象。我把获得的数百幅绢画全部运回了大不列颠博物馆。此后，仅仅是打开和修复工作就花了整整七年时间，而这点时间相对于古代绢画的珍贵价值而言，实在是微不足道。

而在当时，我根本没有时间去仔细查读每一幅绢画的供养题记文字，也没有时间认真研究绘画本身。我所关注的核心问题，仅限于如何能够从那间幽暗密室中，以及漠视其价值的保护人王道士手中获得多少精品。让我极为惊异也大为放松的是，王道士竟然对这些唐代最好的美术遗物熟视无睹，完全不当回事。所以，在我第一次进入藏经洞密室的当天，我便能够把那些最值得带走的绢画挑选出来放在一旁，告诉王道士“留待细看”。

我一再提醒自己，在这种大好情势下，一定要克制自己热切的心情，不可表露过多。这样的节制立即收到了效果。王道士对古代绢画不以为意的漠视，因而显得更为明确。他显然想以牺牲这些古代绘画为代价，来转移我对那些中国古代写本卷子文书的注意。于是，他更加热心地把放置在古代文书卷子堆底部更多的绢画一捆一捆地翻找出来给我。我的收获因此越来越多。从那些残破的汉文写本文书中，我翻拣出许多写有年号的世俗文书，还有纸画和雕版印刷品、用古代印度文书写的小捆贝叶文书，以及一些残损的丝绢制作的发愿供品等。由于好东西不断出现，我和蒋师爷在进入藏经洞的第一天，一直挑选各类精品直至深夜，没有休息过片刻。

接触到藏经洞古代文物之后，最为重要的工作，是想方设法打消王道士对当地关于我们一行的流言蜚语的担心。我很谨慎地告诉王道士，随后我会给他主持的庙里捐一笔功德钱。王道士一方面惧怕流言蜚语对他修道名声的影响，另外一方面也可以明显地看出，他已经为我许诺的捐献所打动，并不时地犹豫徘徊在两者之间。最后，我们获得了成功。除许诺捐助外，蒋师爷的谆谆劝导与我再三强调自己对佛教传说和玄奘法师的虔诚信奉都起了作用。

当天半夜时分，蒋师爷抱着一大捆古代写本卷子来到我的帐篷。这些卷子都是我们辛苦挑选出来的精品文物。我高兴极了。蒋师爷答应王道士，只要我们在中国一天，就不会把这些发现物的来历告诉任何人。也就是说，这件事仅限于我们三个人知道。于是我们约定，此后单独由蒋师爷一人负责搬运藏经洞内的东西。就这样，蒋师爷不辞辛苦地连续搬运了七个夜晚。我们每次获得的东西都在增多，于是后来不得不开始用车辆来运送。

经过这样几天紧张而又兴奋的忙碌，我把藏经洞密室内秘藏珍宝上部堆积的各种杂项卷子（非汉文佛经）基本都搜罗干净了，其中有大量的非汉文写本、文书、经卷以及其他非常精彩有趣的古代文物。随后，我便调转方向开始清理那些集中堆放并且保存完好的汉文写本卷子。由于数量过于庞大，这项工作极为艰辛。仅仅是把堆满整个藏经洞的古代卷子清理一遍，便让人吃不消，更何况像王道士这样畏首畏尾的人。当然，我在费心费力地周旋对付王道士的同时，又支付了不少银两，才勉强打消王道士因胆怯而不断表现出来的反对情绪。这使得我的收获迅速增加。

后来，我又在那些捆扎严密、堆积庞大的写本堆底部发现许多汉文佛经以外的珍贵卷子。这等于加倍地回报我的辛苦劳作。由于庞大的卷子堆积重量过大，位于下部的这些杂项卷子不免有些受损。不过，收获物本身的价值已远远超过了这些遗憾。其中一幅精美的绣画和其他一些古代丝织品残件都是举世罕见的珍品。在匆匆地将数百捆古代卷子检视一遍之后，我又发现在汉文卷子之中掺杂大量用古代印度文字和中亚文字书写的写本。

正在我因收获颇丰而志得意满之时，王道士却突然反悔了，封锁了藏经洞，不让我再接触藏经洞内剩余的宝物。他本人也离开莫高窟不知所终。一时间，热情高涨的我被迎头浇上了一瓢凉水，想进一步得到更多宝物的希望就此打住。尽管如此，我经过协商挑选出来“留待细看”的那些藏经洞的绝大多数珍品，都已经安全地进入了我的临时仓库，为我所有了。

所幸的是，王道士突然离去后是跑到敦煌绿洲去打探外界对我在当地活动的反应。这显然没有什么不利的消息，我们与王道士的友好关系并没有引起当地信徒和施主们的愤怒。发现自己的声誉并没有任何损失，王道士紧张的心情大为放松。他返回千佛洞之后，对我正在进行的抢救行为给予了充分的肯定，并认为由于得不到地方政府的重视和保护，这些密封在藏经洞内上千年的佛教文献和精美美术遗物早晚都可能会流失。同时，王道士对于我将所获文物提供给西方学者进行研究的说法，也表现出信服和钦佩。于是我们立刻约定，用捐献一笔银钱作为寺庙修缮资费的方式来回报王道士。

王道士立即得到了很多马蹄银。无论是在良心层面还是在寺院利益方面，王道士都获得了足够的安慰，并因而表现出满意的样子。王道士那种和善的心情，在此后不久又给我非常满意的回报。四个月后，我再次来到敦煌附近，王道士又一次慷慨地答应蒋师爷代表我提出的要求，送给我许多汉文和吐蕃文写本卷子，以满足西方学术界研究的需要。16个月后，我将装满古代写本卷子的24个箱子和装满绢画、绣画以及其他精美美术物品的另外5个大箱子安全运抵伦敦并安置在大不列颠博物馆里。此时，我才放下一直紧绷着的心，长长地舒了一口气。

大约一年后，法国著名学者伯希和教授闻讯来到千佛洞。他凭借自己渊博的汉学知识，诱导王道士允许他把剩余的许多汉文卷子匆匆地浏览翻检了一遍。经过不懈的努力，伯希和教授从混乱不堪的卷子中又挑选出大量非汉文的写本卷子，以及一些他认为在语言学和考古学及其他方面价值重大的汉文写本卷子。王道士显然是因为有先前与我打交道的经验，最终允许伯希和教授带走了精心挑选出来的1500多卷古代文书。

1909年，伯希和教授返回巴黎路经北京时，他携带有许多重要汉文写本卷子的消息不胫而走。中国学者因此而群情激愤。在他们的呼吁下，中国中央政府下令，将千佛洞藏经洞密室内剩余的全部藏品运到北京。

1914年，我率领探险考察队再次来到敦煌，根据别人的转述，详细了解到来自北京的命令到达后贯彻落实的情况。

我赶紧返回千佛洞，王道士像欢迎老朋友那样热情地迎接了我。据他所说，我捐给庙里的那一大笔钱，因为运送藏经洞卷子到各个衙门，在路上就全部花光了。所有藏经洞藏品都被草草地打包，装在大车上运走了。装运过程中，尤其是大车停在敦煌衙门口时，被人偷走的就不在少数。他的说法很快就得

图85　万佛峡石窟寺

到了证实，稍后便有人拿来整捆的唐代佛经卷子向我兜售。随后，在前往甘州的途中以及后来前往新疆的途中，我都收购到不少从千佛洞藏经洞流散出来的卷子。所以，有多少卷子运到了北京，就不能不让人怀疑了。

1914年，我第二次来到千佛洞时，王道士将他的账目拿给我看，上面清楚记录着我捐献给寺院的银钱总数。他非常得意地指给我看，石窟寺前面新建起来的寺院和香客们居住使用的厢房都是用我捐的钱修建的。谈及官府搬运他所珍爱的藏经洞汉文佛经卷子，以及因此而损失掉的情况时，对于当年他没有胆识和智慧听从蒋师爷的劝告，接受我用一大笔银钱交换藏经

图86　甘州城主要街道和中门塔楼

洞所有秘藏的建议，王道士感到非常后悔。

经受官府这样一次骚扰之后，王道士害怕极了。于是他把自己最为珍视也确实特别有价值的汉文写本卷子转移到另外安全之处。根据我后来从他那里又得到满满五大箱600多卷汉文卷子来看，被他转移隐藏起来的写本卷子数量一定很多。当然为了这五大箱珍贵的古代卷子，王道士又坦然接受了我捐献的一大笔银子。

图87　嘉峪关

图88　嘉峪关西门之上的亭子和环形路

图89　万佛峡石窟寺

图90　安西小镇遗址东北角的风蚀墙

第十四章

南山探险

我在敦煌沙漠绿洲中的探险工作结束时，已经是1907年夏。因此，我急于想把在燥热沙漠中所进行的考古挖掘工作调换一下，准备进入南山山脉中部和西部做一些地理学方面的探险活动。

我要到南山去就必须首先要到安西。安西位于敦煌东部，地扼中国内地前往新疆的大通道。自东汉以来，这条通道就一直是横越北山荒漠和高原，连接中亚主要交通干线的必经之路。在这样一条欧亚干线通道上，安西一直占有重要的位置。不过，在这个只有一条小路的破败小城镇（城外民居也只是一些断壁残垣），却找不到任何可以反映其重要性的东西。

尽管如此，我在荒漠中追寻古长城南部遗迹的努力还是取得了成功。唐朝玄奘法师躲避边关戍卫的禁阻，冒死穿越大漠沙碛进入西域的时候，一定经过了此地。这位西行求法的大德圣僧抵达有水草的哈密绿洲之前，曾经在穿越沙漠途中迷路，几乎渴死，最后意外获救。这一勇敢者的故事，是我每到一地都要重复宣讲的。

我把获得的全部古代文物都稳妥地寄存在安西县衙门之后，便出发前往南部的大雪山。途中，在两条荒凉的南山支脉之间，有一个叫乔梓村的小村庄。在乔梓村附近，我发现了一座规模很大的古城。也许是因为当地气候变化或冰川消融，这一处低矮的丘陵地带极其干旱，地貌形态变化很大。我们看见有一条废弃的水渠，蜿蜒通向古城附近。这条水渠一定是古城居民当时生活和屯垦仰赖的水源。不过遗憾的是，虽然水渠遗迹还在，但提供水源的河流早已干涸。从这方面情况看，古城所在的古今环境变化一定大得惊人。

根据获得的考古学方面的证据，我基本可以判断古城废弃的年代应该在公元12世纪或13世纪以后。古城墙垣虽然建筑得十分牢固，但是现在古城所有面向东方的墙体都已剥蚀殆尽。此外，古城内外大多数建筑也都已被流沙掩埋，只有南北两个方向的城墙与风向相同而保存完好，幸免于难。

后来，我穿越大西河第二支流冲蚀形成的峡谷，来到一个当地人称之为万佛峡的地方。我在那里发现了一座至今香火依然旺盛的石窟寺。万佛峡石窟寺的性质和年代与敦煌莫高窟石窟寺十分相似，只是数量较少。万佛峡也保留下来许多精美的壁画，唐代中国西北地区佛教绘画美术的流行程度由此可见一斑。

在完成对疏勒河西部流域上游的山峰以及南山高原的测量之后，我们进入了一块从未有人探察过的山地。虽然我们进入的季节是一年里最适宜的时候，但找水仍是探险过程中最为艰难的事。经过这样一段艰难的行程之后，我们来到了城墙和关隘依然保存完好的嘉峪关。

嘉峪关是一座军事城堡，千百年来，来自中亚的旅人，沿着长城长途跋涉来到这座关隘，才算是踏进了中国内地的大门。

西汉时期，王朝势力向西发展，于是便延伸长城以便于保护南山北麓大片丰腴的土地，同时也是在维护一条通往塔里木盆地最为重要的道路。现在我所看到的这座残败破旧的砖砌古城，曾是商旅往来的必经之地。嘉峪关现在已经被证明是中古以后修建的堡垒建筑。这样一座城池，乃是在中国恢复传统的闭关锁国政策之后，修建起来用于封锁通往中亚交通主要干线的，刚好与以前长城的作用相反。

肃州是进入嘉峪关以后第一座大城，在那里，我克服了重重困难，才能够在7月底继续向南山山脉中部进发。地方当局为应对当地发生的暴乱，对人员和物资控制极为严格。所以我们的后勤准备工作难度很大，花费了很大的气力，我才解决了交通运输和人员问题。概而言之，居住在甘肃的汉人对于高山万分畏惧，将离他们最近的那座山以外的所有山峰，都视为禁区，畏葸不前。我们的向导也只愿意到南山山脉和托来山之间的山地高原。在海拔13000英尺的山地，我们找到了一些从西宁迈县来到这里的淘金者。

离开这些淘金者搭建帐篷的营地后，我们所经行的山区再无人烟。一直到8月底，我们才在甘肃南部的山地河谷中遇到一座小帐篷，而里面居住的竟然是在那里放牧的突厥人。青海高原四周高地逐渐隆起，形成四大高峰。我们的目标点哈喇淖尔就在那个方向，因为地理位置非常清楚，所以途中我们并没有遇到什么困难。在那里海拔11000—13000英尺的高原上，到处散布着牧群。我们的牲畜犹如进入天堂般得到了生命滋养，体力大为恢复。那里的牧群如此众多，充分说明其自然环境条件的优越。在古代，这里一定是游牧部落大月氏和匈奴垂涎争夺的地方。

不过，在那些大山谷口的苔原地带，以及那些宽阔的太平洋水系分水岭上，由于每天都有暴风雨和冰雹，我的人马都受了不少苦。那些汉人驼工，他们天生就不适合冒险。这些人不但不能够帮助我克服天然险阻，反而成为我的负担。他们三番五次有组织地要求退出返回老家。少了这些人，我们就失去运输人员。好在我每次都能够把他们挽留下来，不至于严重影响我们的行程。

肃州和甘州之间南山山脉中部，是海拔18000—19000英尺的高山雪峰，那里常年白雪皑皑。我们计划在8月内，对那里北面的三座高峰进行地学考察和测量。在测量过程中，对于那些流向沙漠绿洲的河流，比如疏勒河之类的水系，都将进行全面的探险考察。我们的行程以上游的源头冰川为终点。我们沿着中分疏勒河各个源流积雪的巨大山峰的北坡进行测量，从哈喇淖尔到青海水系考察过程中，我们发现南侧各山峰以及山系海拔都比北面的山峰要高。

疏勒河河源所在的山峰环绕着海拔约13000英尺的高山盆地苔原地带。我们从这里向大通河发源地挺进。到达那里之后，我们就与天平洋水系直接接触了。在那里，我们又前往甘州河谷上游，并经过一系列横断崇山峻岭，翻越南山主峰，便来到了甘州城。

甘州城是南山北麓大沙漠绿洲的中心。1907年夏天，我再次来到甘州城，计划在南山中部做新一轮的地理测量，以弥补上次测绘的遗漏部分。我的主要目的是测量甘州以东包括甘州河河源在内的那些高峰，以扩展此前在疏勒河和肃州河河源附近高峰所做过的测绘工作。

甘州镇将蔡将军是我的老朋友，在他的关照下，1907年7月的第一个星期我们便向山中进发了。

在地理考察最初的几站路途中，我在马蹄寺看到许多古代佛教石窟寺以及其他一些佛教遗迹。南山山麓名叫小南的古老城镇里，也有一些佛教寺院保存了不少很好很大的铜造像。这

图91　黑城佛塔遗址

些造像都未遭受到破坏。现在我们走到了一条富于地理学意义的分水岭。西边的地方无论是平原还是山麓地带，所有的垦殖都要依靠人力灌溉；而眼前那些台地以及冲积扇地带，土地肥沃，只要有雨水便可垦殖。这里气候条件的显著变化确切地告诉我们已经靠近太平洋和中国大河河谷的分水岭。途中，大路沿线因为当地暴乱的破坏，到处都是残破不堪、破败萧条的景象。眼前的景象却全然不同，草色青青的山冈坡地与代表中国建筑工艺的优秀建筑浑然一体。

图92　马蹄寺石窟坐佛像

沿着通往西宁的大路前行，我们穿过风景如画的峡谷，抵达鄂博关，便进入一片开阔的山谷盆地。甘州河东部河源便发端于此处海拔11000英尺以上的高原地带。我们从这里改变方向向西行进，经过一些高原牧场，来到了一块新的牧场。每年夏季，青海游牧部落都来到这里聚会。这次我们适逢其会，草原上，万马奔腾，牛羊如潮，声势浩大，场面壮观。这种热闹的场面，几乎中断了我的行程。我骑乘的那匹巴达克山种小型马，因为受到惊吓，突然间直立起来，嘶鸣不已，随即就失去平衡翻倒在地。我也因此被重重地压在马身下，左肋肌肉受到严重挫伤。受伤后，我在行军床上痛苦地躺了两个星期，才能够借助拐杖勉强起身。幸好在此之前，所有要做的工作都已经安排妥当。我的测量助手，印度人拉尔·辛格只需按照我的计划按部就班地执行即可。在克服了许多困难，付出艰辛劳动之后，我的这位印度老旅伴终于把测量南山的工作如期完成了。那时，我的身体情况依旧很坏，最后只好请人用轿子把我抬回了甘州。

直到1914年8月的第三个星期，我才率队启程，开始穿越被善戈壁的旅行。那时，我因腿伤仍不便行走，但也只能忍痛坚持。这次旅行的最终目的是返回新疆北部进行秋季工作。我所选择的道路是在此之前欧洲旅行家都未曾走过的。通过这次特意安排的旅程，我熟悉了一片尚未为人所知的广袤沙漠。进入这片沙漠，首先必须经过毛目沙漠绿洲。甘州河与肃州河在那里汇合，成为蒙古人所说的额济纳河。额济纳河广阔的河床一年中的大部分时间都是干涸的。不过实际情况是，南山中部向北流的河水基本上都注入这条河，并最终沿着这条河道消失在一个没有灌区的封闭盆地之中。这种情形，与塔里木河最终消失在罗布泊一模一样。

图93　吐峪沟西侧佛寺遗址

图94　镇西城外古庙

第十五章

从额济纳河到天山

1907年春，我曾到额济纳河流域进行过一次探险考察。额济纳河谷一带水草丰茂，连接中国腹地与塔里木盆地以及中亚腹地，是从蒙古草原进入河西走廊的交通要道，自古以来就是兵家必争之地。

1914年5月，我从肃州动身沿北大河而下，进入金塔沙漠绿洲。从那里开始，再沿着北山东南端荒凉的冰川河谷，一直到达毛目一带的古长城遗址。这条古长城蜿蜒西去，甚至在肃州河与甘州河汇合成为额济纳河之后，仍然随之继续延伸了很长的距离。古长城的城墙和戍堡沿着金塔沙漠绿洲一直向北修筑，在额济纳河宽阔河道的左岸一直延伸向广袤荒原的尽头。

汉朝最初控制南山北麓一带重要的交通路线之后，修筑长城截断了游牧部落从蒙古草原进犯的路径，便在此地。我们在河岸两侧不断发现的那些年代古老、规模宏大的军事堡垒建筑遗址，显然是用来防御从此地进犯的敌人，以及戍卫这条门户通道的。

我们从毛目沿额济纳河向下考察，沙质河床的宽度往往有1英里左右。不过，除了河床中的黄沙，那里滴水全无，只在极个别地方可以从挖掘很深的井中得到一点水，在离毛目约90英里的地方，额济纳河河床穿过北山山脉延伸出来的一段低矮石梁，进入一片平川，展开成一块三角洲。由此再向北约110英里，便进入大片的碱性沼泽地带。

由于连续不断的枯水季影响，这里的地貌和气候与库鲁克河干涸以前的楼兰三角洲非常相似，河床两岸茂密的灌木丛中，到处都是早已枯死和即将枯死的野生红柳。由于河流不断改道形成的干河床纵横交错，河床之间的大片荒原上植被稀疏，只有一些瘦弱的灌木。在额济纳河三角洲的广袤荒漠中，散布着200多户蒙古土尔扈特游牧部族。因为环境的贫瘠与严酷，他们明显感到牧场一年年在减退，生存条件日益恶化，见人就不断抱怨。不过，这里虽然水源有限，但对于从北方蒙古草原进入河西走廊水草丰美的地带，自古至今一直是最为便捷的通道。历史上，无论是那些千里奔袭的军队，还是万里求财的商队，都把这里作为他们的交通枢纽。沿途不时遇到的古代和近代戍堡等军事设施，便足以证明这是一条通往蒙古草原的通道，而且自古至今一直都被高度重视和重点戍卫。

来到黑城并完成考察工作之后，我更加深刻地感受到这里与楼兰三角洲的相似性。黑城的探察始于1908至1909年俄国著名探险家科兹洛夫大佐。从发表的材料看，当时我就认为这里应该是马可·波罗曾经提到的亦集乃城。根据马可·波罗的记述，从甘州出发，骑马约12日可以到达“北部沙漠边缘地带，归属西夏人管辖”。据说，所有前往蒙古旧都和林的旅行者都必须在此地停留，稍事休整，准备粮草，以便顺利穿越那片“北行四十日既无人烟又无水草的大沙漠”。

马可·波罗记述的地方正好相当于黑城古城遗址，从遗址中某处废墟中获得的出土文物，更是为此提供了充分完全的证据。相传，公元1226年，成吉思汗曾率领蒙古大军经由这座古城进入甘肃，古城城墙等防御设施因此遭受了严重毁损。尽管如此，但有一点是毋庸置疑的，那就是一直到后来马可·波罗路过此地时，古城还有人居住。这种状况应该一直延续到公元15世纪。古城长久存在并且人烟繁盛的原因，当然是其适宜垦殖的环境。在很长一段时期内，古城所在地区都应该是当地的中心。在沙漠东部地区和东北部地区，我们曾经发现不少古代遗迹。

古城内外四处散布的佛寺和佛塔遗址大都是这一时期修建的。科兹洛夫大佐在古城外的一座寺院遗址中，就挖掘出许多珍贵的佛经和古代绘画艺术品。当我对这些遗址重新进行系统考察发掘时，立即就发现，这座宝藏远远没有发掘干净。

我们仔细清理干净佛塔底部以及寺院地下室里堆积的流沙之后，发现了大量用吐蕃文和至今尚无人能够解读的西夏文佛教写本，以及刊印本典籍。同时出土的还有数量众多的佛教塑像和壁画。在古城内那些堆积如山的古代垃圾堆中，我又一次获得了许多极具价值的汉文、西夏文、回鹘文以及用古代突厥文字体书写的各类文书。其中，最值得一提的是元世祖忽必烈时代的一张宝钞。在这种风蚀严重的沙漠环境中，我还获得了数量可观的金属和石质的装饰品、带釉的精致陶器以及许多其他古代文物。

黑城最终被废弃的原因是灌溉困难。这一说法有一定的可信度，有许多证据支持。紧靠古城的河床早已干涸，最近的水流也有7英里远。古城东侧的古代灌溉渠道离现在的水源则更远了。古代灌溉困难的原因，是额济纳河水流量减少还是河水改道，导致耕地得不到充足的灌溉用水？目前，我没有充足的证据来下断论。不过，根据我的观察，有理由相信，现在仅在夏季短暂的几个月内才能够到达这片三角洲的河水，已经不足以为这片废弃耕地提供足够的灌溉用水。沿河道上行150英里，便是毛目的一个垦殖区，那里早就拥有发达的渠道灌溉系统，更适宜垦殖。但是，即使在那里，每年春季仍要耗费大量人力物力才能够得到充足的灌溉水量。因此，那里的很多耕地也都被迫荒弃了。

当我忙于黑城发掘工作之时，拉尔·辛格则忙于额济纳河重点盆地的地形测量。三角洲的尽头是两个相距不远的大湖，两湖之间隔着一些沙滩高地。这种奇特的隔离形式在我看来非常有趣，与我此前在敦煌西部沙漠中探险考察时见到疏勒河流入沙漠中的情形完全一致。两湖中，东湖水源在很久以前可能就已经断绝，不再能够接收到额济纳河泛滥时的河水，所以水是咸的。另一个湖泊现在仍然在接收额济纳河的河水，是全部额济纳河水的终点。虽然湖里全部都是淡水，但周边并没有任何利用这些淡水的耕地。

到了6月中旬，夏季的气温急剧酷热起来，我们只得终止工作返回甘肃。回程时，我们取道毛目南面的一条沙路。由于骆驼不能忍受夏季沙漠中的酷热，我们此前就已经安排人把它们赶到东北方向蒙古境内的公果尔旗山地避暑去了。直到8月底，骆驼才得以与我们重新会合。那时，我也才从南山回来。

此后，一直到1914年9月2日，我们重新从毛目启程，准备穿越雄踞沙漠中部的北大山山脉。北大山山脉呈东南或说西北走向，极为宽广。我们沿途经过的都是从未被人类测量过的地方。在明水井那个交通枢纽地带，有一条此前一些俄国探险家曾经走过并向世人披露的道路。但出于安全方面的考虑，我决定将人员辎重分为两队，每队各取一路。这样做的另外一个好处，就是能够测量的范围更广。这期间，由于腿部伤痛，我仍不能骑马，只能乘坐当地特有的驴轿。这给我在途中的指挥与调度工作带来了许多不便。

在毛目，我只雇用了两个汉人向导，据说他们曾经随同商队到过天山北麓的镇西[①]一带。实际上，他们对沿途地区以及目的地的了解极为有限。走了还不到一半路程，我便打发他们回家了。此后的行程，我让大队人马根据地面依稀可辨的商道痕迹继续前进。商道往往并不规范，因此迷失方向便成了家常便饭。行走在干涸荒芜的崇山峻岭之中，没有饮用水的供给是绝对不行的，因此，沿途寻找水源也就成为最重要也是最困难的事了。沿途水草稀少，山路险峻，前途愈显危险。经过艰难跋涉，我们总共走过了28站的路程。

后来，我们终于到达明水井。朝着西北方向，远远地便看到天山东头喀尔里克雪峰。这座雪峰，自古以来就是这条路上旅行者的方向标志。但是由于缺水以及在曲折复杂的山谷中迷路等原因，在穿越最后一段荒凉的山脉时，我们还是多次遇到了难以想象的困难。例如当我们穿越一条险峻的峡谷时，受惊的驴马骆驼总是待在原地不动，幸好最终有惊无险地通过了。站在山口的悬崖峭壁上，俯瞰广阔无垠的准噶尔山地，远远地就看见一些小黑点分布在各处，那都是生长在山上的树木。那里就是我朝思暮想的伊吾。经过近一个月马不停蹄的艰难跋涉，我们终于安全抵达伊吾。这次，我率领大队人马选择一条新的路线，穿越一片寸草不生的地方，并在那里完成了测绘工

① 今哈密巴里坤。（译者）

图95　在吐鲁番高昌故城

作。至此，我才觉得虽历经艰险，却终于得到了恰当的回报。

到了10月，我赶紧结束手头的工作，率队沿着已见冬雪的天山东北麓，向镇西和古城[①]进发。对于沿途所要经过的地方，以前我已经多少有所了解。因为历史上像大月氏、匈奴、嚈哒、突厥，以及蒙古人都曾先后多次由此向西迁徙，所以我对沿途所见的各类地学现象极为重视。准噶尔的山谷和高原气

① 即奇台。（译者）

候比较适宜，远没有塔里木盆地那样干燥，很多地方都分布着优质牧场。这很可能是它在中亚历史上占据重要地位的一方面原因。

这些地方，在古代曾不断被游牧部落轮番占据。塔里木盆地干旱的土地根本无法养活游牧部落庞大的畜群。而占据了这里，就可以翻越天山，轻易地进入塔里木盆地，向绿洲的人们征取贡赋。最为有趣的是，从那些数量众多的哈萨克人的毡房上，我可以依稀看出历史上部落大迁徙的影子。这些人与柯尔克孜人相似，讲突厥语。

图96　吐鲁番交河古城遗址的中心大道

我们到达镇西时，已是隆冬季节。镇西有一座古庙，庙里保存有一块重要的汉代碑刻。在经历了北山的寒风冰雪之后，能够再次得到这座古庙的庇护，真是上天的垂青。

此后，我们经过当时是中蒙商贸中心的古城，来到吉木萨尔，考察那里数量众多但已残破不堪的古代遗迹。在古代，吉木萨尔曾经是天山北麓最为重要的都会城市所在地。在中国治理中亚广大地区的时期，历史文献中所见的“金满”以及“北庭”等重镇就在此地。准噶尔盆地的这块重地在经济上和政治上同南部的吐鲁番绿洲有着密不可分的联系，而且在很早的历史时期便已如此。

吐鲁番是我冬季工作的目的地。我倾向于选择一条最为便捷而又未曾经过地理测量的路线前往，于是便取道一条险峻的天山峡谷通道。我们沿途经过的雪峰，海拔大多在12000英尺以上。这次行程，再一次证实了中国古代历史文献记载的正确性。当然，我也深刻地感受到天山南北悬殊的气候。

准噶尔盆地高处大都分布着大片的松树林，稍稍向下则是优质牧场。与之形成鲜明对比的是，天山分水岭南侧荒凉干旱的高山深谷。生活在气候干燥、地势低洼地带的吐鲁番人却已完全适应了这种严酷的气候，他们开化较早，拥有发达的农业灌溉体系。

第十六章

吐鲁番古遗迹

离开额济纳河后，我把探险队分成几个小队，直到1914年11月的第一个星期，我们才在哈喇和卓绿洲重新会合。哈喇和卓绿洲位于吐鲁番盆地中央，地理位置十分重要。选择吐鲁番作为我的冬季探险目的地和主要考古发掘地，有考古学和地理学方面的原因。就地形而言，吐鲁番盆地在很密集的地理范围内，各种极度干旱地区的自然现象都集中在了一起，塔里木盆地所有的一切特点，这里都有所表现。除此以外，吐鲁番地表径流的终点盐湖，是全世界陆地中位于海平面以下最低的一个下陷地层。

吐鲁番盆地的北面是天山山脉大量积雪的博格达山，南面是滴水全无的库鲁克塔格山，而吐鲁番盆地就夹在两条山脉中间。沿着库鲁克塔格山麓，是一条巨大的地质断层槽。断层下陷最深的地方，在海平面1000英尺以下，成为吐鲁番盆地最奇异的特点。盐湖沼泽大部分都已干涸，与罗布泊相比较，干涸湖床的规模有如小巫见大巫。向北是荒凉的高山坡地，斜坡上广阔无垠的古冰川河谷逶迤而下，与和田东部的昆仑山地区极为相似。山麓部分由于发生过一次大规模的地质地层变位，隆起了一连串荒凉的丘陵，并向盆地下部延伸，由此构造出了地质断层槽。这些丘陵，因为都是裸露的红色砂岩层和砾石岩层，中国人称之为“火焰山”。

吐鲁番盆地的绿洲灌溉用水并不是从天山流至绿洲边缘的雪水，而是通过坎儿井引导从山上潜流下来的地下水。吐鲁番盆地气候干燥，并且因为槽谷过低，一年多半时间极其炎热。而由于炎热的气候以及泉水和坎儿井的灌溉，吐鲁番盆地绿洲可以实现一年两熟。在这种气候适宜的环境条件下施以灌溉和管理，再加上土地肥沃，当地谷类以及水果、棉花等出产丰富，也就不足为奇了。

我现在所见到的吐鲁番，商业发达，贸易兴盛。从历史记载和保留至今的历史遗迹看，过去这里也很富庶。这不仅是因为那有限的一点土地适宜垦殖，还应归功于当地与天山北部各地交通往来便利，便于贸易。天山北部因为气候比较湿润，分布有广阔的优质牧场，那里出产的牲畜、羊毛之类的农牧产品，正是吐鲁番所缺乏的。而博格达山东西方向的山谷通道又终年可以通行，交易往来，十分方便。大自然的这一眷顾，造就了吐鲁番盆地的繁荣。

吐鲁番盆地和迪化及古城之间互相依赖的情形，从这些地方的古代政治史中也都可以反映出来。汉唐时期，无论是北方的匈奴人、突厥人还是中国内地人来统辖这些地方，那时的车师前国和车师后国的政治命运同现在一样，也都是密不可分的。公元8世纪末，唐朝在中亚的势力趋于衰落以后，这些地区的情形还是一样。公元790年，车师后国的都城北庭都护府被吐蕃和葛逻禄联军攻破，不同势力对这些地区的争夺也就此告终。

到了公元9世纪中叶，回鹘人在中国西北边陲突破了吐蕃人的势力，统有东天山的大半地区，于是吐鲁番及其以北广大地区成为回鹘可汗的牙帐所在地。这种情况一直延续了数百年。在中亚原先是游牧民族的回鹘人，来到这里后，更热心于享受自己的传统生活，同时也能够灵活适应新的变化。一方面，一到夏季，回鹘可汗便把他们的牙帐迁移到天山北坡，享受传统的生活方式，并长久地这样保持下去。另一方面，则向居住在吐鲁番绿洲的人们吸取物质方面和精神方面的力量，用以加强自己的势力，享受拥有属地的快乐。

回鹘人统治吐鲁番盆地，一直到公元13世纪初蒙古人征服此地时为止，但是从文化方面来看，就在此后也没有发生什么较大的变化。据宋太平兴国六年（公元981年）王延德出使高昌回鹘时所作的记录，那时的吐鲁番仍很兴盛，佛寺众多，还有许多从波斯来的摩尼教僧侣。王延德也看到回鹘可汗仍不忘游牧旧习，每年都要到天山北坡去居住一些时候。蒙古人统治的时间，回鹘酋长虽然已改宗伊斯兰教，但是一直到公元1420年苏里唐·沙鲁克出使中国经过此地时，佛教依然昌盛。

吐鲁番的佛教信仰源远流长，根深蒂固，回鹘统治时期又没有遭受过激烈的变乱，因此伊斯兰时期以前的文化遗存，如宗教、文学、美术之类，四五百年来还能够比较完好地留存至今。同时，因为吐鲁番盆地特别适宜灌溉，历史上，在很长的时期里耕地面积也没有发生显著的变动。在塔里木盆地的尼雅或楼兰，有许多废弃的遗址或无人居住的处所，为我们还原古代人们日常生活真实情景提供了依据。与那里不同的是，吐鲁番盆地几乎所有重要的古代遗迹都未曾被完全毁坏，或者说未曾被人们完全废弃。在这里，所有伊斯兰时期以前的遗迹等，实际上都在绿洲或绿洲附近。也就是说，它们离人类的生活区域并不遥远，甚或就在城市和乡村附近。

因为吐鲁番盆地非常容易寻找和到达，所以一直到19世纪末，在很长一个时期内，俄国旅行家都曾关注过这里。在俄国旅行家的影响下，后来德国和日本的探险队也都先后来到这里，并做过大规模的考古学活动。在这些探险队中，尤以1907年著名的德国学者格伦威德尔和勒柯克两位教授所得各类文物最为丰富。不过，1907年我来到此地并做短期停留时，发现吐鲁番的古代遗址并未完全发掘干净。

因此，我当即决定，用一个冬季的时间，以吐鲁番为主要目的地进行大规模的考古学和地理学考察。拉尔·辛格的职业精神使他永远期望新的工作，于是我派他去测量那片大部未被勘测的库鲁克塔格沙漠区域。另外一位测量员，我则安排他在吐鲁番盆地进行地理测量工作。而我和另外两位印度助手当即就开始考古学方面的工作。此后三个半月的时间，我们就一直忙于此事。

邻近的哈喇和卓大村，是一处被当地人称为达克亚努斯地方的亦都护城。这里是我们的第一个考古发掘地。这个地方，很久以来一直被认为是突厥文中称为“Khocho”的高昌故城，也就是唐朝以及后来回鹘统治时期的吐鲁番都城。古城呈不规则形状，四周城墙环绕，面积约1平方英里。城内还分布着用土坯砌筑的各种建筑物遗迹(吐鲁番除果树外，其他树木稀少)。在这些建筑中，大部分是佛教寺院，其中规模宏大的为数不少。历年以来，附近村落的村民常在古代建筑遗址挖取老土，用作肥料。多年的取土毁损，使得古代建筑遗迹逐渐变小，并且大多遗址都已被夷为平地，开垦成农田。

自从格伦威德尔和勒柯克教授先后在此发掘，获得丰富的古代文物以后，当地居民看到了一条致富途径。于是他们想尽办法去寻找有价值的古代写本和文物，卖给迪化的欧洲旅行家和中国收藏家。因此，古代遗址被毁坏的现象更加严重，这一类古代物品的出土数量也随之大为增加。但是对我来说，还是到那些流沙堆积较深，没有被人发掘过的遗迹去比较妥当。经过系统的考古清理，我们找到了各种各样的古代遗物，如壁画残片、纸本画和布质画的残幅，以及一定数量的塑像。这些出土文物，都可以反映出吐鲁番的佛教美术情况。此外，我还获得了一些用作装饰的纺织品残片，发掘出土了一些用回鹘文、吐蕃文、汉文以及摩尼教的变体叙利亚字母书写的文书残片。

这些遗址，由于一直有人居住，所以不容易断定这些出土文物的准确年代。对于断代较为有用的物证，是发现了一大批保存良好的金属物件，如铜镜、各种装饰品以及家具等。在那里，还出土了许多中国古钱币。根据这些古物，我判断，出土文物的年代为宋代。后来证实，我的判断与实际情况差距不大。我所发掘清理的这些古代建筑，在公元12世纪初叶应该还在正常使用。不过，当时佛教寺院那个圆顶形建筑已经衰败，并且已经开始坍塌。

在赶忙考察完吐鲁番东部一些小遗址，以及那处被称为斯尔克普塔的佛教大塔遗址之后，我便立即转向风景如画的吐峪沟峡谷，把注意力集中到那里的古代遗址上。在那里，依然保存着以前佛教僧侣与其他教徒居住和使用过的大量石窟。这些石窟就像蜂房一般点缀在风蚀严重的山谷峭壁上。峭壁下面，是一条小河，流向以出产葡萄和葡萄干闻名的小绿洲。这里的山坡不甚陡峻，修建有窄狭的台阶，还保留有一些小寺院和僧寮遗迹。在最上方的遗址中，德国的吐鲁番探险队曾获得重要的古代写本文书。

这些洞窟，以前并没有多少人来此处活动，基本看不到人为破坏的痕迹。但近些年来，当地寻宝人在此乱挖滥掘，一片狼藉。但在厚沙堆下面，还可以找出一些保存相对完好的遗址。发掘过程中，为了不至于造成新的人为破坏，我雇用了很多民工才把地表清理干净。以前在荒无人烟的沙漠遗址中挖掘，我常常遇到各种困难，早已习以为常。如今，在吐鲁番的古代遗址中进行考古挖掘，与以前的经历相比，这点困难简直微不足道。发掘结束前，我在吐峪沟获得了大量精美壁画残片和塑像残块，以及汉文和回鹘文的古代写本。

到了12月中旬，我们从吐峪沟转移到了木头沟的柏孜克里克千佛洞遗址。这里有一条流经哈喇和卓绿洲的河流。柏孜克里克千佛洞遗址就位于河流西岸的砾岩台地上。这里有很多曾经气势恢宏而今已经坍塌了的寺院。在这些寺院中，有很大一部分是开凿山崖修建的石窟寺。石窟寺的墙上都绘有壁画，为回鹘统治时期的遗物。壁画内容是佛教故事和崇拜图像，种类和风格极为复杂。就其内容之丰富和美术蕴涵之精彩而言，吐鲁番盆地任何其他同样的遗址都无法与之相比拟。柏孜克里克千佛洞遗址的壁画可以说是价值非凡，只有敦煌千佛洞丰富的古代壁画可以与之相媲美。1906年，格伦威德尔教授以他深厚的佛教图像学和美术造诣，对这些精美壁画做过仔细的研究，还挑选了许多壁画切割下来运回柏林。后来勒柯克教授也曾切割下一些壁画，也都很好地保存在柏林。

几百年来，这里的壁画被当地人有意损坏了不少。到了近些年，当地人出于非宗教的原因又破坏了一次。他们很鲁莽而毫不吝惜地将一部分壁画从墙壁上拆卸下来卖给欧洲人。这种人为破坏愈演愈烈，并且还将持续。在这种情形之下，当务之急，是要对这些精美的佛教绘画美术遗迹中最有价值的标本尽一切可能进行保存。而唯一可行的措施，只有用系统安全的方法拆下和运走。这是一件费时费力的工作。但我的助手奈克·萨姆苏丁训练有素，在这方面有丰富的经验。我立即毫不犹豫地安排他来负责这项工作，并由阿弗拉兹·古尔全力协助他。切割拆取壁画的工作，他们连续不断地进行了两个多月，最终取得了丰硕的成果。为了指导他们顺利有效地工作，对那些需要切割的有价值的壁画，我事前就仔细地画好了的图样。

切割下来的壁画，足足装满了100多箱。装箱时，一切都严格依照我第一次包装米兰佛教寺院壁画的专门方法操作。这些脆弱易碎的大泥板，用骆驼、牛、驴运输，经过近3000里的路程，穿越海拔18000英尺的达坂，最后究竟是如何安全运到印度的详细情形，此处不予详述。为了陈列我第三次探险带回的古代文物，新德里专门修建了新的博物院。从1921年至1928年，我的美术方面的朋友和助手安得鲁斯先生的大部分时间都花在这里，即如何把柏孜克里克的壁画进行妥善安置。

1914年圣诞节前后，我匆忙跑到天山北面的省城迪化，拜访我的一位学者老朋友、时任新疆藩台的潘大人。在我的三次探险中，无论远近，他都一直给予我热心的帮助。省当局曾有一次想阻拦我，幸亏他的帮忙才得以打消。1930年我再次来到那里时，这位全省钦佩的公正长官已经逝世。他虽身兼要职，一生却是清风两袖。那时我能抓紧机会亲自向他道谢，回想起来，总算是值得聊以自慰了。

1915年1月，在木头沟附近的考古探险工作完全吸引了我，使我无暇他顾，所得收获既丰富又离奇。

从木头沟口出山的峡谷地带是一大片满是砾石的荒地，位于阿斯塔那大村之上，西面和哈喇和卓相接。那里有一大片古代墓地，古墓表面堆石，呈小圆锥形状。那些用石头排列围砌的坟茔，把古墓一组一组地分开。墓室大都挖掘得很深，深入到细砾岩或砂岩层中。由坟堆便可推知墓室的位置。从岩石上凿出一条狭长的墓道，埋葬后又进行填塞。由墓道下去是一段短短的隧道，是为进入墓室的通道，还筑有砖墙挡住墓口。

据当地人说，19世纪阿古柏统治期间，新疆曾发生叛乱。此后，这些坟墓大部分都曾被盗掘过，以搜掠值钱的随葬品。盗掘的时间也有可能还要更早一点。而据我们的考察，在吐鲁番绿洲中，无论是树木还是牛粪一类的燃料都很缺乏，所以那些古代棺材上的硬木头，也就成为很有用的副产品了。以前开向墓室去的甬道已被流沙完全掩埋，而当地的气候又异常干燥，所以我们从那里得到的东西都保存得很好。近些年来，中国因为革命，改变了人们敬畏死者的观念，于是这些古墓便引起了当地寻宝人的注意。他们的盗掘并没有深入，但是，由此却可以看出，地方当局对此类事件并无禁止管制之意。我于是能找到阿斯塔那的一个村民作为向导进行挖掘。这个村民在这方面有丰富的经验，对古代墓地分布地点也非常熟悉。

当地不缺人工，我很快便召集到足够的民工。于是无数古代墓葬先后都被掘开了。我在对每一座古墓做了系统研究之后，当时便弄明白了，这些古墓属公元7世纪中叶。这是唐太宗贞观十四年（公元640年）征服此地以前，统治吐鲁番的当地王朝中最后诸王在位的时期。至今依然存在于哈喇和卓和阿斯塔那附近的高昌故城，就是当时的行政中心和屯戍重镇。

紧邻古墓墓室的入口处，还可以找到汉文砖志，同样为古墓断代提供了直接证据。据吉列斯博士和马伯乐教授的解读，这些墓志记载的是死者的姓名、生卒年、生平等。这同有些古墓中出土的汉文文书中所写的年代也相符合。那些文书的内容都是一些日常例行的琐碎公事，如驿站的建立、书信的登记、部属的过失之类。有几具棺材，在我们到来前尚未被盗墓者打开。其中一具就放有一大包各种各样的纸，显然是用来填塞棺材的。

所有出土的古尸，以及放置在一起的随葬物品，大都保存得很好。这自然是气候干燥的结果。我获得的出土文物种类繁多，几乎所有的出土文物都可以帮助我们了解那一时期吐鲁番地方日常生活的诸多方面。这些文物中，有做得很逼真的家具用品的模型，以及许多彩绘塑像；有制作得很精致的女俑雕塑，衣饰甚为有趣；还有一些武士雕塑，大约是侍卫之类。其余便是衣饰特别的当地仆役塑像。

此外，还出土了一些形象生动制作精致的马俑，可以使人联想到帕米尔高原的巴达克山人种。鞍鞯之类的物品十分华丽，可以看出当时所用马具的基本情况。鞍鞯的装饰图案中，许多至今仍然被当地的鞍鞴工匠使用。许多驼俑也是仿照真实生物制作的，其精美程度不亚于马俑。在墓室入口处的小室中，我们又找出许多奇形怪状的大塑像，和中国雕刻中的土鬼极为相似，大约是供死者拒退妖魔使用的。

在为死者准备的许多食物中，最有趣的是各种各样保存完好的面点。特别是那些极脆易碎的面点，经过盗墓者的浩劫之后居然还能够完整保留，实属难能可贵。由于这些古代面点极脆易碎，所以安全地装箱和转运难度很大。死者的陪葬品中还有妇女的化妆品，这一定是死者生前所使用的真实物品。

这里也有裹尸的习俗。和楼兰古墓的出土遗物一样，裹尸物大都是丝织品。对于研究古代的织造美术和工艺来说，这些真是丰富而有趣的实物资料。阿斯塔那古墓的出土物年代大概都很确定，所以尤其具有学术价值。织物中有些是彩色或单色织成的人物画。那些复杂的图案，对于研究那一时期中国新疆地区的丝织品意义重大。纺织品上的图案都是公元3世纪至7

图97　焉耆明屋佛寺遗址

世纪近东各地以及伊朗（为方便起见，称为萨珊王朝时期）所特有的装饰风格。

这种萨珊式人物画丝织品特别用于死者的外衣。其中尤其值得专门介绍的是，一个精美的图案化的熊头，放在萨珊式的珠圈之内。这是很有力量而又很新式的一件作品。此外还有一些中国织造的人物画丝织品，其母题却是特别的萨珊式。那一时期西方图案影响到中国的有趣情形，由此可以很清楚地看出来。这一类丝织品，也许当年就是专门织造出来用于对外贸易的。

古代东西方交流的情形，还有一个奇异的证明，那就是

图98　焉耆明屋遗址中心的佛寺

图99　焉耆明屋遗址佛寺的内堂

图100　焉耆明屋遗址佛寺的灰泥浮雕

图101　焉耆明屋遗址佛寺废墟大浮雕的灰泥头像

金币。仿东罗马样式铸造的金币，按照当地传统的风俗含在死者的口中。公元6世纪萨珊王朝铸造的银币则用来覆盖死者的双眼。但是具有真正美术价值而值得在此一提的，大都仍然是中国的物品。有一块由几幅连接起来而非常精美的卷轴绢画残片，显然是死者生前珍爱的遗物。我得到的只是残片，上面细致地描绘出一些妇女在花园中的情形。中国美术到了唐代达到极盛。这一幅画虽仅余残片，但仍不失为传世古代绘画的一个可靠标本，具有很高的学术价值。

我在吐鲁番获得的大量考古学方面的古代物品，都被仔细地包装好，并用租来的50只骆驼来驮运。我把这支古代文物驼队交给我最可靠的突厥仆人伊布拉音伯克，由他押送，经过两个月的长途跋涉之后抵达喀什。

到了2月中旬，吐鲁番盆地的地理测量工作也即将完成，我于是得以来到交河故城遗址开展探察工作。交河故城遗址所在地是一块孤立而坚固的高耸天然台地。故城遗址以古代建筑和倒塌了的房屋、庙宇为主，它们大都是向下挖掘黄土建成的。这里是汉代吐鲁番的古代都城，形式和规模都非常宏大。但是，由于遗址里面的黄土被附近村庄的村民掘去作肥料，所以建筑物遗址内只剩下很少的几层沙尘堆积。正因为如此，一旦中国官方禁止我做考古学活动的时候，我也乐意放弃此地而收队直奔南面的库鲁克塔格山，开始在沙漠中进行新的探险。

第十七章

从库鲁克塔格山到喀什

我在吐鲁番盆地的考古发掘虽然取得了丰硕的成果，然而我却时刻渴望能够早日回到沙漠中去探险考察。由于腿伤还没有痊愈，不能像以往那样长时间从事新的探险，因此，1914年1月底，当拉尔·辛格从库鲁克塔格探险归来时，我也就只能引以自慰不作他想了。

在库鲁克塔格山间那一大片荒芜的高原中，只有兴格尔是唯一可以永久居住的地方。拉尔·辛格遵照我的指示，到达那里之后，前往东南方向罗布泊沙漠中风蚀的楼兰古城遗址一带做大地三角测量。

拉尔·辛格虽然已经疲惫到了极点，但他只在我们的营地稍作休息后，便于2月的第一个星期再一次向库鲁克塔格山进发。这一次，他的任务是测量库鲁克塔格的西部区域。

1914年2月16日，我离开吐鲁番向库鲁克塔格山进发，在兴格尔找到阿布都拉音的小兄弟做向导，考察西面山谷中一些地方。那里连绵不断的险峻群山和其间风蚀风化严重的深谷，与库鲁克塔格山大部分侵蚀严重的高地情形大不相同。在那里，可以找到古代人们居住的遗迹。之后，我们转向东南方向经过荒凉的沙地到达库鲁克塔格山麓。途中，我们常常遇到野骆驼。这一荒凉地带，和敦煌西部沙漠一样，是这些极其胆小的动物的最后栖息地。

在多兰阿齐克盐泉子取到冰块后，我向南进入沙漠，测绘干涸河道的地形图。这条干涸河道的河水以前曾流向楼兰古城。上一年我在此探险的时候，没有来得及把最后一部分测量完成。现在，沙尘暴季节已经来临，酷寒的冷风使我们的工作倍感困难。在这种情形之下，我仍然在古河道平原的黏土台地上发现了两座窄小的古墓地，并随即对它们进行了发掘。这次发掘，使我想起上一年冬季在楼兰古城墓地的发掘经历，发掘的出土物和上一年在楼兰东北部古墓地所得非常相似。安葬在这里的人，应该就是中国史书记载的公元4世纪这条通道废弃以前，住在楼兰古城一带以游猎为生的土著居民的一种。

从古墓中发掘出土的随葬品，完全可以勾画出那个历史时期居住在楼兰的半游牧人们的生活方式和文明情况。他们的外貌特征同往来于这条古道上的中国人相比，可谓是云泥之别，这一点确切无疑。其中我要说到特别有趣的一些事，是所有墓葬中几乎出现用羊毛布包裹成小捆的植物。经过鉴定，这些植物都是麻黄。这是近年来才传到西洋医学界并被用作烈性药剂的一种碱性植物。在最古老的雅利安人记载中，这样的植物往往被赞美为神圣的号摩草和印度挲摩汁，以为是一种甘美的饮料，为神和人所喜爱。

沿着库鲁克塔格山麓，我很急切地要寻找阿弗拉兹·古尔的行踪。2月初，我派他从吐鲁番出发，前往罗布泊沙漠中进行一次艰难的补充性探险工作。由于目的地的环境极其严酷，路途艰险遥远，于是我把四只最强壮的骆驼交给他使用。即便是做了一些特别的准备，但是要到达我指定的地点会合，对他而言仍然十分艰难，所以我非常担心阿弗拉兹·古尔他们的安全。我回到多兰阿齐克的第二天，阿弗拉兹·古尔他们前来同我们会合时，我才如释重负。

原来，阿弗拉兹·古尔他们从北面抄近路到达阿特米什布拉克取得冰块后，在楼兰的东北部发现和考察了一些遗迹。然后我们沿着中国古道进入干涸的罗布泊湖床，向西南方向行进。那时，小湖里已经汇集了塔里木河的冰雪融水。为了节省时间，我们冒险从小湖的北面寻找近路。最后，我们幸运地横越1907年1月我曾穿越过一次的巨大沙丘。不过，当年我是从相反的方向穿越那里到达库鲁克塔格山麓的。我们在荒漠中艰难跋涉了一个半月，一路上，没有看见一个人和一个动物，可以说这又是一次艰难的探险。最终，我们完成了该地区的平面地理测量和详细的文字记录。当然，还收获了许多有趣的古物。

后来，我们往西来到营盘。营盘位于古代干河河床和孔雀河分流处附近。科兹洛夫大佐和斯文·赫定博士首先在此地发现有趣的古代城堡遗址和一座小型佛教寺院遗址。他们获得的古代文物证明这是一座古代军事堡垒建筑。根据中国古代文献的记载，这里原名注宾，公元最初几个世纪位于流向楼兰的河水旁。这显然是保护古代中国西域大道的一个重镇。这里曾驻扎有古代中国的戍卒。至今从若羌到吐鲁番的道路仍经过这里。

后来，我从东北方向穿越沙漠前往库尔勒的途中，沿库鲁克塔格山麓发现古代烽燧这类遗迹绵延长度竟达100多英里。这种烽燧建于公元前100年左右，那时汉武帝开通西域，筑长城，建要塞，以保护从敦煌到楼兰的交通路线。

从这些烽燧的高度、间距以及其他方面的特点来看，它们最初的功能是传递烽火信号。自从中国的统治扩展到天山以北，并且开辟了途经哈密的一条进出西域的大道，曾经一直使用的那条行经楼兰的道路便废弃了。从那以后，那条历史久远的大道也就远不如从前重要了。但是从烽燧旁垃圾堆里找到的古钱币、古文书等，还可以看出，烽燧所在的那条路线，到了唐代仍有人来往。

根据《后汉书》的记载，我们知道，匈奴人一定劫掠到过塔里木盆地东北角的库尔勒绿洲，这对于居住在楼兰的中国人以及通往楼兰的道路交通安全的威胁应该频繁发生。所以在汉代时，这种燃放烽火的军事警戒设施一定非常重要。库尔勒绿洲位于天山山麓，在这片绿洲的东头，自古至今都是塔里木盆地北部的一条交通大道。这里离焉耆盆地也最近，到焉耆只有半天的路程。从汉代时的匈奴人算起，一直到现在的蒙古人，这里都是游牧民族最好的牧场。无论何时，游牧民族进入塔里木盆地，这里都是最容易到达的地方。

焉耆盆地在南端和接近焉耆城镇的地方逐渐展开，成为一个平缓的盆地。博斯腾湖即位于此。库尔勒绿洲大量的农业灌溉用水以及水量充沛的孔雀河都发源于此。

焉耆现在的居民大部分是蒙古人。大概是这个缘故，现在博斯腾湖边肥沃的土地还未曾大规模地开垦。但是根据中国文献记载，古代焉耆在经济和政治上都占据着重要的地位，情况与今日大不相同。在紧邻博斯腾湖北岸焉耆古都城故址，现在被称为波格达沙尔的地方有许多古代遗迹，就是一个证明。因为当地地下水含有盐质，气候又不如塔里木盆地那样干燥，所以古代建筑几乎已经全都损毁。

不过，第二次探险时，我却在焉耆找到了一个适合考古发掘的地方。1907年12月，我在焉耆发掘清理了一处规模宏大、出土物数量众多的佛教寺院遗址，它们疏疏落落，点缀于天山山麓，一直到博斯腾湖出口北面砾石台地的低洼处。这些遗址排列有序，房屋建筑彼此分开，大小不等，而构造和形式也完全不同。只要多雇用当地民工，开展系统的考古清理工作并不是难事。除受雨雪风沙侵蚀破坏外，所有佛寺遗址都曾遭受过大火的焚毁。在这里获得的古代钱币，年代最晚的是公元9世纪。所以我可以断定，此事与最早传到这里的其他宗教有直接关系。在佛寺大殿内部，以及走廊等流沙堆积比较深厚的地方，我发掘出土了不少保存良好的塑像。佛寺毁坏以后，黏土塑像经过火烧，变得像陶器一样坚硬。在一些穹形的走廊上，我们还发现一些很有趣的壁画，由于遗址掩埋在流沙尘土之中，这些壁画得以幸免大火的焚毁和潮湿空气的侵蚀。以前，这些寺院总有不少的供养和施舍。发掘过程中，还出土了一些木版画以及涂饰富丽的精致木雕。

除木雕精品外，所有出土的工艺美术品的风格，都明显地带有受古印度西北地区流行的古希腊式佛教美术影响痕迹。但是在研究这种美术传入中亚历史的人看来，大多数塑像中最有趣的是模制头部的奇异特征，许多头像的姿态俨然是模仿哥特式的。这种情况，似乎是一种平行发展的结果。尤其令人感到奇怪和稀罕的是，两者的形成过程，几乎可以肯定彼此全无关联。

1907年1月，在第二次探险中，我听到了一个广泛流行于库尔勒和塔里木河以北沙漠绿洲的古老传说：如果人们向南深入沙漠以后，便可以看见那些被流沙掩埋的古城。而在那些沙漠绿洲和塔里木河沿岸，以及从库车和策大雅流下来的河畔之间的丛莽地带，并没有高大的沙丘。但人们对沙埋古城的传说都深信不疑。库尔勒的猎人坚称，他们还曾经见过高大的古城城墙。

这样的传说引起了我的极大关注，并促使我安排一次活动，对库尔勒西南面的英其克河和孔雀河之间的沙漠进行短期探险考察。但直到探险考察结束，根据实际考察结果，我才证实传说的虚妄。我们除了在干涸河床旁边看见一些坟墓和粗陋的牧人房屋，再无他见。我雇用的那些假向导十分自信，他们相信依靠我的“法术”即可就可以发现那些传说中的遗迹和宝藏。后来他们觉得我那种假想的法术敌不过沙漠中的妖魔鬼怪，以至于他们幻想中曾经看见的古城都隐形不见了，并因此而发起愁来。其实，他们不知道，那种所谓的古城是沙漠中形状怪异的沙丘，这应该是常见的事。

1915年4月初，在第三次探险中，我把库尔勒作为各小分队完成任务之后会合休整的地方。会合之后几天，我们又从此地重新踏进了漫漫沙漠，最终抵达喀什。拉尔·辛格的工作仍然是地形测绘。我要求他紧靠着天山行进，在气候条件和时间许可的范围之内，完成天山山脉和天山主峰的测量。我派第二位测量员穆罕默德·亚库普向南渡过孔雀河和英其克河，进而推进到塔里木河，任务是测量莎车附近塔里木河主流河道。

从库尔勒前往喀什的大道长达600英里以上。因为绿洲居民繁衍不绝，人口增多，加上灌溉发达，沿途许多小规模沙漠绿洲中能够得以保存的遗迹已经不多见。而绿洲周围以及各绿洲之间的荒漠又没有充分的流沙堆积可以保存古物，例如库尔勒西边五站路的策大雅沙漠绿洲，我相信即是《汉书》记载的轮台所在地，可是并没有找到什么古代遗迹。在从此地向库车方向行进的路途中，是一片片辽阔的硬土质荒漠。在那里，沿着商道，我却发现了一群庞大的烽燧遗迹。这当然也就证明了古代中国通西域的大道一定与此路相合。

沿着大道，我们到达了库车。库车是除喀什外天山南麓最大一片绿洲。这里耕地面积广阔，灌溉方便，物产丰富。此外，向北翻越天山，就可以进入富庶的准噶尔盆地，向南可以沿着横穿塔克拉玛干沙漠抵达和田。所以，就地理位置而言，库车特别适宜商贸。在政治和文化方面，库车也同样十分重要。因此，库车在历史上常常引起人们的注意。如今，数量众多且分布广泛的寺院以及石窟寺遗迹，都可以反映出古代佛教的兴盛和供养这些寺院的当地民众的富庶。如此看来，库车的重要便无须多言。

库车的大部分遗迹都在距大道不远的地方，所以一向都在人们的注意范围之内。1908年第二次探险时，我才能抽出时间到库车做一次短暂的考察。而在我之前，德、法、俄等国探险队早已先后到过库车，并已做过详尽的发掘。以前装饰在克孜尔、库木吐拉石窟寺的精美壁画，都已经被切割运到柏林。那些探险队获得的古代写本也有极大的价值。写本范围虽然不广，却足以使我们了解到，库车古代的语言和古代吐鲁番盆地所使用的语言一样，都属于印欧语系，尤其和意大利斯拉夫族

图102　洛山索纳普村长者

相近，而非雅利安语。

各国探险队虽然以前已经做了发掘，但还是留给我不少机会，使我在库车绿洲及其附近地区足足忙了三个星期。在阿弗拉兹·古尔的大力帮助下，我们对当地现有的耕地面积，以及散布在绿洲东、南、西三面高低不平的沙漠中的古代遗迹和凡是可以证明以前有人居住过的地方，都做了一次详细的测量。根据遗址发掘获得的古物，我们可以将有人居住的时间上推到佛教时期。而测量的结果更加令人确信，在唐代，库车绿洲的

图103　因地震壅塞形成的巴尔塘

灌溉系统远比现在发达得多。

考察结果表明，作为库车绿洲全部水源的两条河流，从佛教时期以后，水量就已经大为减少。同时我们还发现，和田绿洲的情形有许多方面和库车绿洲十分相似。

5月初，当我从库车动身向西，离开那些青翠美丽的果园，以及那些温和有礼的绿洲居民，心中多少有些不舍。阿弗拉兹·古尔被我派去测绘通往阿克苏的最近的古道。这条路经

图104　因地震壅塞形成的希斗河

过大片高低起伏的沙漠，一直到一座荒凉突出的小山以南。我自己则选择了另一条路，以便查访一两处小型的佛教遗址。于是，我经过拜城小盆地，循大路前进。拜城在小山的北边，那里的灌溉水源是从附近天山穆扎特达坂冰川发源并流向库车的一条河流。

经过长途跋涉，我们到达阿克苏绿洲时，塔里木盆地已经是酷热的夏季。在那里，托什干河呈西北—东南流向。而对于河流两岸狭窄的垦殖区能否找到古代遗迹，我并不抱太大希望，因为此地在古代似乎并不怎么重要。现在这里之所以人口众多，是因为后来一种原属于半游牧性质的突厥族部落中不为人知的刀郎人迁徙到此地而不断繁衍。

我们前往巴楚的路程，总计走了六大站地，经过的地方大多是沙漠。沿途最显著的地标性自然景观，是环绕柯坪小绿洲的天山山脉外侧的一些低矮荒山。第二次探险时，我曾于1908年5月横越这些荒山做过一次地形测量。离开此地后，我找到一条已经废弃的驿站路线，并由此判断，这个方向的古道应该是在现在路线的北面，经过现已没有水源且流沙充塞的荒井的地方。而巴楚以外喀什噶尔河终点河床的改道，大约就是古代商道改变路线的直接原因。

在巴楚附近，即位于塔里木河和喀什噶尔河交汇处附近，还有一处刀郎人的居留地。在那里，至今有些处所还是沼泽地。天山南部最后支脉那些孤立的石山，就像岛屿一样耸立在这样的广大平原之中。在现在的大道经过的图木舒克村附近，有两处大型遗址还有一些唐代佛寺遗迹。这些遗址以前我都去过，但因为伯希和与勒柯克教授已在那里搜寻发掘过，所以那里已不再引起我的兴趣。

到达伽师，就接近了喀什绿洲东部。5月初，我又一次回到奇尼巴格，受到英国总领事热情亲切的接待。自从1900年以后，我的中亚探险，都是以他的奇尼巴格作为温暖而可靠的根据地。

第十八章

从喀什到阿尔楚尔帕米尔

1915年6月，我抵达喀什。在以后酷热的几个星期里，我都在忙于为即将穿越喀喇昆仑山和帕米尔高原做准备。除了一些必要的事务，我最为重要的工作，是把考古探险获得的古代文物重新包装和装箱。而我的探险所得一共装满了182个大箱子。那时候，在我的根据地喀什，塞克斯爵士代替马继业爵士出任英国总领事。由于得到新任领事的大力支持，我的工作难度大为减轻。塞克斯女士是印度政治部的知名官员，在奇尼巴格，她好意地为我安排了一切，这令我非常愉悦，深感满足。

然而，更能使我精神振奋的是，即将能够实现横越俄属帕米尔山地和阿姆河北部山系的计划。从幼年时代开始，我就对“世界屋脊”以及邻近伊朗东部那些广大地区有一种近乎幻想的渴望。在过去一段很长的时期内，由于政治的原因，这里一直禁止英国旅行家通过，尤其是像我这样服务于印度政府的公务人员。但是英俄协定的签署，调和了两大帝国在亚洲的利益。这样，对于我那些出于学术目的的探险考察计划，这种障碍就减少了许多。因此，我于1913年秋向印度外交部递交了申请。英国外交部与俄国政府交涉，希望获得俄国政府的同意，准许我游历帕米尔的阿莱地区，以及从西部进入中国境内，前往古代大夏所在的中亚地区，对古代丝绸之路经过的那些山地进行考察。

根据以往的经验，对于在中国新疆办理所需的外交手续，由于考虑到那里效率低下的邮政交通，我安排了充裕的时间。一切都和从前一样，1915年4月，我在库车收到一个邮包，那是来自斯姆拉的半官方消息，说我所希望进行的探险考察计划已经获得俄国外交部的许可。

我计划的最终部分，是想通过俄属中亚突厥地区到波斯东南部去，进行下一个冬季的探险考古工作。我急切地希望实现这一计划，但是到了喀什却遭受了巨大的挫折。俄国总领事麦斯且尔斯基亲王和英国总领事的交情甚好，接待我也很客气。但是他对我说，并没有接到任何准许我进入俄国境内的外交指令。不过，他帮助我立刻向塔什干总督府进行询问。总督府的回复也同样说不知道。这种外交拖延使我异常焦急。无奈之下，我只好直接给俄国彼得格勒驻英国大使发去一封电报。很快，我就得到大使布卡南爵士的回电，说我所要的许可证，俄国外交部早就已经发出来了。于是，麦斯且尔斯基亲王答应，将我作为特例处理，就把这份电报作为充分的证据，签发所需要的特别许可证。

俄国外交官了解到，我之所以要到那些地方去，是纯粹的科学目的，于是立即许可我通行全帕米尔和俄属中亚突厥邻近各地。后来，在我通过俄国边境以及在俄国保护国布哈拉境内三个月的旅行中，这一许可证是我最得力的护身符。其中最关键的原因，就在于他事前好意地通知了各地俄国当局，使此行得以如此顺利。

这一次，我要运往印度的古代文物十分沉重，足足用了80只骆驼来驮载。7月6日，我把一切事宜安排妥当之后，便离开喀什启程西行。然而，昆仑山谷夏季的山洪暴发，使我那贵重无比的驼队不敢立即冒险向喀喇昆仑山的险峻山路出发。于是，我安排负责照管驼队的拉尔·辛格利用等待的时间，顺便测量“冰山之父”慕士塔格山，就是那些逶迤向北一直到喀什噶尔河源并与天山相接的高耸雪山。

在拉尔·辛格没有与我会合并听取我最后的指令之前，我也忙里偷闲隐居在波斯坦阿尔奇山满是落叶松的高山林地中吉尔吉斯人的帐篷里，度过了七天安静而快活的生活，并处理回复了许多急迫的文件。

经过休整，我的精神得到了恢复。7月19日，我在山上帐篷里向喀什和印度发出沉重的邮包后，便开始向乌鲁克阿尔特关口和那里的帕米尔山地进发。第二天，我们就翻过海拔16000英尺的险峻的隘口。一过隘口，山势便陡然下降，只见横越摩吉大山谷通往俄属帕米尔东端的群山上白云弥漫，恍若大海，宏伟壮观。山峰南侧，是一条向下延伸长约10英里的巨大冰川。从隘口向下，可以看见冰川的中部和下段。

下山时，要翻越北边一连串的险峻山峰。山峰附近大多有一些小冰川穿插其间。全部行程极其艰难，有些地方驮运物资的牲口根本无法通过。下行到达平坦的地方，再回头仰望那座高大的冰川河口时，我深深地确信，自己确实已经生平第一次爬过了这座子午向大山。骑马走了33英里之后，我于当晚到达摩吉下面的昆提格马兹大山谷中的吉尔吉斯牧场。在那里，我遇到了塞克斯爵士兄妹，他们正从塔格敦巴什帕米尔返回这里。第二天，在他们的帐篷里，我们欢快地的聚谈了一天。

我们沿着中国所属的帕米尔高原最北边，上行到喀什噶尔河的西部源头峡谷，马不停蹄地走了五天。在翻越海拔13800英尺的库什贝尔山口途中，我第一次看见最高峰海拔在20000英尺以上的外阿拉山。我们爬行到玛尔坎苏河河床，便越过了没有标志的俄国边界。那一晚，我们遇到了冰雹，温度降到华氏零度以下。第二天，我们到达克孜勒阿尔特山口。在这海拔约1400英尺的地方，有一条横穿外阿拉山的道路，即连接帕米尔费尔干纳省阿姆河沿岸驿站的俄国军事道路。

两年后，我再次来到这里，当年的军事道路已经修好，沿途也树起了里程碑。今昔对比，我感慨万千。我们离开摩吉山上吉尔吉斯人的帐篷以后，一直行走到晚上，才好不容易来到山北一个名叫博尔堆拜的小驿站。在这里，我找到一位和气的俄国海关官员。他是高加索鄂塞特人，刚从喀什通向费尔干纳大道上的伊尔克什塔木驿站来到此地。从他那里我了解到，管辖帕米尔地区军民事务的雅格罗大佐，正在从他的驻扎地取近道前往塔什干，明天就要路过这里。听到这个消息，我临时决定在博尔堆拜停留一天，等候这位军界名将的到来，准备与他会见。同时，我立即派遣一位优秀的吉尔吉斯人骑手，从昆提格马兹送一封信给雅格罗大佐，告诉他我来到这里的消息。

外交活动的效果很快就显现出来。由于有雅格罗大佐替我在帕米尔和他所管辖的阿姆河上游瓦罕做的完备安排，我的探险旅行没有遇到任何麻烦。这样的结果，即使是在兴都库什山印度控制区域也无法企及。雅格罗大佐对于阿姆河区域的地理和人种十分感兴趣，在塔什干的陆军大学里添设了东方语言学科。所以，对于凡是能发现历史光明的学术考察，他都热心帮助。我在比较短的时间里，考察了许多有趣的地方，这主要归功于雅格罗大佐的帮助和他崇高的学术追求。

在开始探险的第三天，我便想延长考察路线，横越帕米尔以及附近俄属阿姆河流域各山区，目的是希望通过实地考察，了解中国和西亚最早交通往来的那条古道，以及所有相关的当地问题。此前得到的经验就已经告诉我，做这方面的研究，最好还是以与历史地理有关的问题为根据。我在完成考察阿拉山谷以后，终遂所愿的强烈满足感油然而生。十四年前，我第一次探险归来时，在伊尔克什塔木到塔勒狄克山口的途中，我只能从远处眺望阿拉山谷的山峰而已。

自东向西蜿蜒于帕米尔高原北部高耸的边缘地带，接下去就是被称为红水河的苏尔哈普的帕沃德克则勒河谷。这是一段天然贯通的大阿拉山谷。古代从中国内地以及塔里木盆地来的丝绸贸易商人，就是沿着这条山谷向下到达阿姆河中游的。

从俄国军事道路通过的地点开始，阿拉山谷的海拔一直下降，直至达兰特库尔干吉尔吉斯人的村落，里程足有70英里。山谷底部宽6—11英里。向东约20英里，上行到达屯木伦，从喀什进入阿拉山谷的大路即起于此。这里路面宽阔，容易通行，气候也比帕米尔湿润，所到之处都有优质的牧草。因此，阿拉山谷成为吉尔吉斯游牧人的夏季大牧场。每年夏季，他们都要赶着牛羊驼马，从费尔干纳平原迁徙到此。1901年6月初，我从伊尔克什塔木到费尔干纳的乌什和安集延，曾遇到他们惯常的迁徙，驼队驮载着游牧家庭所有华丽的毡毯以及其他财产，络绎不绝地行走在途中，其情其景，就像风景画一般。此时，正值夏季，气温较高，于是有些牧人的帐篷就向高处移动，转移到较高的山坡谷地去寻找鲜嫩牧草。而一旦夏季结束，气温下降，他们又会逐渐循序向下转移，沿着山谷去放牧。途中，举目远眺，南面的巨大雪峰山脉，以及海拔将近23000英尺的考夫曼山峰，尽收眼底，美不胜收。

在到达达兰特库尔干以前还相距遥远的地方，我在一处相对海拔约90英尺的高地，发现了古代垦殖和简陋石屋的遗迹。由此看来，古代行人在这条大路上，除了阿拉山最高部分不到70英里长的那一段，沿途大多数行程中一定可以得到给养和安身之所。尽管阿拉山从每年12月到次年2月积雪很深，但那时一定能够可以照常通行。这和现在正经过海拔12700英尺的铁列克山口，频繁往来的商旅、驼队等交通情况基本一样。当然，从伊尔克什塔木到费尔干纳，照常通行的情况也是完全一样。

以前，塔里木盆地和阿姆河中游经过哈喇特金以及阿拉山频繁进行的贸易活动，现在早已没有了。在巴尔克和阿姆河南面阿富汗突厥人居住的一些地方，也已经很久没有看见从中国来的商队经过。从阿姆河到哈喇特金当地的小规模贸易，都是从达兰特库尔干取道于费干那的马尔吉兰或安集延。至于来自喀什的货物，则翻过铁列克山口，转而利用俄国铁道继续下一步运输。

由于要安排运输和给养事宜，我只好在达兰特库尔干暂作停留。达兰特库尔干位于哈喇特金山谷一块小台地上。当地设有一处俄国税收关卡，稽查布哈拉边疆地区的商贸活动。下行约3英里即是恰特村，那里有一块面积很大的耕地，并且还有一座废弃的城堡，大约是俄国吞并中亚突厥地区以前当地大动乱时期的遗迹。那里最适宜在路旁设一个大型驿站。至今，中俄双方都在那里设有税收关卡，彼此相距很近。从喀什到费尔干纳的商队在此往往受到无端的勒索。

翻越穆克苏河和阿姆河的上游即是洛山河与苏戈兰河[①]。这两条河的分水岭是一片连绵高耸的大雪山。从达兰特库尔干向南，翻越克孜勒阿尔特山口，途经大喀喇库勒湖，是唯一的著名大道。沿着这条道路，自北向南可以翻越作为俄属帕米尔西部屏障的那些大山。我决定选择这一条路，做一次冒险旅行，亲自体验行走这条道路的感受。但是事后证明，沿途各地正是因为雅格罗大佐的命令，我才得以从吉尔吉斯人那里征集到一些特别耐受山路艰难的驮马。尽管这样，这条路还是极不容易行走。不过，那里是一片未曾大规模开发过的区域，有些地方至今仍然不方便测量。然而，我在那里获得的丰富的地理学方面的观察资料，以及观赏到的美丽山地风光，作为这次探险旅行的报赏，可以说是绰绰有余了。

塔尼马兹河是发源于大帕米尔的穆尔噶布一条大型支脉河流。我们选择的道路远行至此，必须翻越一座作为帕米尔西北屏障的冰川遍布的高大雪山。对于这座大雪山，吉尔吉斯人隐讳地称为锡尔塔格或慕士塔格山，意即冰山。从达兰特库尔干出发的第一道山口是外阿拉山的塔沙噶尔。翻越这里以后，峻峭雄伟的慕士塔格山突现在水流湍急的穆克苏河源头，气势雄

① 古代识匿河。（译者）

伟壮观。

帕米尔西部，在阿姆河源头的深邃河谷两侧，都是高大的山脉。直到我抵达那里时，那些山脉的实际海拔还未曾有人用气压表或测高仪测定过。

然而，要打算在俄国地界做任何测量工作，即使是最微细的活动也不被允许。所以阿弗拉兹·古尔和我至今还以为那是平生最大的遗憾。不过，虽然没有能够进行地形勘测，但在我目测看来，慕士塔格山主峰显然要比考夫曼山峰高。

途经慕士塔格山主峰一侧的道路应该沿着穆克苏河逆流而上，然后再转到珠鲁姆阿尔特山口和塔克塔库拉姆山谷，从那里直接进入大喀喇库勒湖和塔尼马兹河灌溉的广大区域。不过从春天到深秋，巨大的锡尔河，或因俄国探险家首先来到此地并直接命名为费德臣阔的冰河洪水泛滥，把这条路完全封闭了。所以我们只好取道凯英地峡谷的源头，翻越一座海拔约15100英尺的山口。路经的峡谷中有些地方完全被古老的冰川漂砾阻塞，攀越起来十分困难。

离开凯英地以后，地形就像帕米尔高原那样，变得平坦起来。从那里向下再翻越一座高原，一大片宽广的平原呈现在眼前，向着锡尔河河谷展开。从此地向上行走相对比较容易。道路两旁满眼浓绿，景色迷人。不过，走了不远一段路程，我们随后便开始翻越海拔15000英尺以上的塔克塔库拉姆山口。从山口下来，为了能够继续向前进，我们必须重新雇用当地向导和租用牲口。于是，我不得不向正在东面大喀喇库勒湖畔放牧的吉尔吉斯人千户酋长浩罕伯克求助。第二天，即8月8日，我们翻过克孜勒伯尔山口，到达海拔近14000英尺的夏季牧场，受到酋长热诚的欢迎。酋长穿着王者的服饰，束着一条硕大的银腰带，看上去十分威严。

我从酋长那里得知，四年前的一次大地震，把穆尔噶布河谷壅塞成一座大湖。这座大湖包括了以前的萨勒兹帕米尔的大片地方。我原来打算翻越马尔加奈山口前往阿尔楚尔帕米尔的那条路，据说已经被这座新湖完全淹没了。我不愿放弃原有的计划，经过俄国的帕米尔斯基驿站返回到那条著名的大道上去，并决定向下转移到洛山河谷尽头的索纳普村。我希望在那里能找到一个机会可以爬上穆尔噶布，找到一条绕过堰塞湖天然障碍的新路。浩罕伯克认为，我们携带太多的行李是不可能绕过去的。后来我才知道，吉尔吉斯人实际上知道另外一条只有牲口可以通过的小路，不过他们只愿意在其他方面帮忙，却不愿意去走那条小路。

在喀喇钦姆休整时，我利用闲暇时间对居住在那里的吉尔吉斯人做了一次人类学测量。他们是当地突厥人部落中典型的标本。在冬季雪山的寒风中，经受过帕米尔高原严酷气候的长年磨炼，他们愈发显得勇敢无畏。后来我们路经此地再次返回到塔尼马兹河谷。当我们渡河来到右岸时，发现从慕士塔格山主峰大冰川流下来的河水转而流向南面不远的地方。我们看

图105　波光潋滟的维多利亚湖东头

见，山谷底部已经完全被巨大的石块塞满了。封锁穆尔噶布河谷的那次山崩使西侧河谷的峭壁斜坡全部崩塌了下来。塌落的岩石到处堆积，比此前适宜耕作的帕勒兹平原高出200英尺，通行异常困难。8月12日傍晚，我们历经艰险终于到达巴索尔茂密的白杨树和柳树林地。看见树林里塔吉克牧人稀疏散布的村庄，我心里真是高兴极了。

第二天，我们沿着河岸悬崖和峻峭的高地，到达塔尼马兹河和现已干涸的穆尔噶布河床相汇处，在吉尔吉斯人称为石塔的塔什库尔干风景秀丽的索纳普村，我们找到了说伊朗语的噶尔察山民。他们住在这里最高处的世外桃源洛山里面，体格高大雄壮，和欧洲人十分相像。他们长着美丽浓密的头发，蓝色

图106　在兰干基什特越过阿姆河河谷看到兴都库什山山脉

或钢灰色的眼睛，一眼看去就知道和游牧的吉尔吉斯人不同。这些洛山山民，居住在沿瓦罕和南边苏戈兰山谷一带，代表极纯粹的阿尔卑斯种型人，同欧洲有些地方见到的完全一样。所以，在我这短短的一天时间里，有很多工作需要完成：收集人类学测量记录，考察此处因为和外界隔绝而留存下来的习俗，考察房屋建筑以及简单的装饰和木雕品等。在那里，我们又一次看到阡陌井然的麦田和果林。

我们在那里雇用到一队背负行李的驮夫，他们是我们继续

图107　乘皮筏渡巴尔塘河

前进必不可少的保障。要到南帕米尔去，我们能走的唯一道路，就是穿越吉尔吉斯人叫作巴尔塘的慕士塔格河流经的那条峡江。但是由于1911年2月大地震的破坏，这些狭窄河谷的道路已经变得异常难走。许多地方被崩塌下来的巨石完全阻塞，以往沿河或河边山上行走的所有道路都已经被毁坏。以前与喷赤河水量相当并且曾当作阿姆河主源的大河，也已经完全断流。于是，我们看见山中到处点缀着规模不大但形状各异的小湖——是它们，代替了河流，成为我们前进道路上的障碍。在有些地方，山坡上的泥土还在如同流水一般移动，令人无法落脚。

第二站，我们爬上了一座峭壁。峭壁北面，对面山壁新近崩塌掉落下来的岩石四散堆积，形成一道巨大障碍。爬过这道障碍下去时，我看见一座峡湖。此湖是因为巨石堵塞巴尔河和希斗河谷口形成的。这里的石块堆积极为凌乱，好不容易爬过去，我们还是只能从希斗河北面沿着巨大障碍的底部前进。

最后，我们到达了希斗河谷和萨勒兹帕米尔分界的险峻山岭。爬上这座山岭，向东南眺望，大山崩的景象便全然映入眼帘。从北面山系中崩塌的一座山，把以前是吉尔吉斯人最好牧场的萨勒兹帕米尔变成了一座美丽的高山湖泊。根据俄国的一则记载，此湖泊的长度在1913年已经长达17英里以上，之后还在逐渐向整个山谷扩展。巨大的岩石被剧烈的山崩推送到沿希斗河谷谷口的峻岭之上，这样便筑起了一道大堤。在大山崩四年之后，壅塞堤坝还高出新湖1200英尺。巨大的壅塞障碍上面有些坡体还在移动，崩塌下来的石块相互冲击，卷起漫天烟尘。

在山脚下，我们遇到了一支俄国探险队，他们由普罗布拉兹青斯基教授率领，正在测量这条巨大的壅塞堤坝。俄国科学家由南岸乘皮筏渡湖，然后爬过兰干山口来到湖滨。他们十分友善地接待了我。但是，他们根本不相信湖滨峭壁上的那条道路能走得通。虽然如此，洛山当地人头目和我们都准备去试一

图108　喷赤河冲积扇

图109　阿都德山口

试。险峻的山岭海拔有13200英尺。当晚我们便把帐篷扎在一眼小泉水附近。

第二天早晨，我们从陡峻的壅塞堤坝下到泉水耀眼的叶尔克内湖边上。这时我才知道，沿着陡峭的石坡以及危险的石块再向前行走，将会遇到多么大的困难和危险。这些石坡都是因地震崩塌下来的石块堆积而成的，上面有些石块还在移动。所幸我们的洛山山民生长在群山深处，都是爬山好手，凡是不能通过的峭壁，他们都能用木片和石块修筑起栈道，手法极为熟练。走过那段凶险的陡坡，足足花去了我们五个小时的工夫，而实际里程还不到1英里。

到达内湖尽头，我们爬上河谷走了几英里，便看见一片平地。经历了地震劫难之后，此地仅有几户洛山人家在从事农业耕种。尽管此地距离湖面有500英尺高，但湖水还在不断上涨，现在的耕地仍有被淹没的危险。在此地休息一天之后，我们继而向上攀越，来到南面河谷上的兰干山口时，与帕米尔斯基驿站长官派来帮助我们的吉尔吉斯运输队会合了。

8月20日，我们翻过了海拔约15400英尺的兰干山口。第二天，我们抵达大耶希勒库勒湖的西头。从苏戈兰山主脉布鲁曼山顶上眺望，堰塞湖尽收眼底。来到这里，我们又重新走上了横越“世界屋脊”的古代大道。

第十九章

阿姆河上游行纪

离开阿赖山后，虽然我们仍然行进在高原上，但是沿途的山地和峡谷的道路已大为改观，爬山下谷容易了许多。在翻越阿尔楚尔帕米尔山谷的两天行程中，我深深感到，从塔里木盆地直接到达苏戈兰山地，这片山谷平川自古以来就是最便捷的通道。中国古代旅行家和军队要经过帕米尔高原进入苏戈兰山区和阿姆河中部地区，也只能选择这条通道。

公元747年，唐朝将军高仙芝就是通过这条道路率领他的主力部队进入苏戈兰山区的。这是有史以来第一次大规模远征军穿越帕米尔高原绝境的军事行动记录。唐朝大军之所以如此选择行军路线，就是因为这里可以从巴达赫尚得到给养。四年之后，即公元751年，又有一位唐朝旅行家悟空沿着这条道路前往印度西北部。悟空是一位佛教僧人，他在印度居住了30多年。返回唐朝时，悟空同样选择路经苏戈兰山区，经过千辛万苦，终于到达喀什。那时唐朝在西域的势力已经崩溃，通过塔里木盆地的道路已被封锁。

此后数百年，中国的势力又一次大规模进入塔里木盆地，喀什最后一个和卓及其臣属准备逃亡到苏戈兰山区和巴达赫尚，清朝军队尾随追击，在阿尔楚尔帕米尔高原消灭了这股残匪。苏木塔什之役的胜利发生在乾隆二十四年（公元1759年），光绪十八年（公元1892年），在伊西尔库勒湖东岸又发生了一场血战。这次军事行动中，中国人以及当时的阿富汗人都没有注意到把守通往苏戈兰山区通道的重要性。和伊西尔库勒湖沿湖北岸一样，这里也是兵家必争之地。

经过一整天的努力，我们才得以爬上环绕在湖边的苏木塔什峭壁。那里有一座小庙，庙里以前曾立有一块记载乾隆二十四年战功的汉文石碑。公元1892 年6月22日，俄国约诺夫大佐部下的哥萨克士兵扫荡了附近一个阿富汗哨卡中最后的守兵之后，便把汉文石碑移到了塔什干博物院。但是白石雕刻的碑座依然留在了那里。两千年来中国的势力屡屡到达伊摩斯山以远的地区，今天在现场目睹当年的遗物，历史上曾经发生的故事竟如同刚刚发生一般。

从水草丰茂的阿尔楚尔帕米尔山谷向上走两站路，便是博什拱拜孜阿格孜，吉尔吉斯人夏季就在帕米尔高原这片地区放牧，其主要游牧区在由此处向北的广大区域。我们在那里停留休息一天，同时进行人类学测量工作，补充新的给养。之后，我们便继续向南横越中分阿尔楚尔和大帕米尔高原的高峻山脉。

8月26日，我们翻过博什拱拜孜阿格孜山口，再由此向下，来到波光潋滟的维多利亚湖，当地人称之为佐尔库勒。这里是阿姆河的大帕米尔源头，也是俄国和阿富汗在帕米尔高原的边界交会处。走过此地，前面便是大帕米尔高原和瓦罕最上游的分界山脉，山上冰川发育良好。

8月27日，我决定在此地休息一天。当日阳光照耀湖滨，湖面波光粼粼，冰冷的微风从高处的山地湖岸吹拂过来。虽然异常寒冷，但是空宇澄明，丽日当空，万籁俱寂，让人忘却了时光的流逝。

我向深蓝色的湖面极目远眺，根本无法看到大湖东岸，那里的湖水似乎隐没到地平线以下了。吉尔吉斯人告诉我，春秋之季，湖滨常有水鸟栖息，它们要在湖滨芦苇丛中产卵和繁衍后代。古代旅行家来到此地，看到如此怡人的湖光山色，产生像玄奘所说的水底有“龙王潜宅”的想象，也就不足为奇了。

马可·波罗关于帕米尔高原的记载同样明白地指出，他的旅行路线也曾经过这一个大湖。他那如同风光画一般的描述，甚至连一些细微的小地方也很正确，我禁不住要引用他的一段文字略作说明：

从护密向东北在群山之中骑马行进三日，便来到一座巨大的山峰之上，据说这里是世界上最高的地方。你只要登上这座高山，就可以看见两山之间有一个大湖，从这个湖里流出一条美丽的河，河流向下经过的一片平原是世界上最好的牧场。即使瘦小的牲畜，来到此处十天也会肥得使人心满意足。那里有无数的野兽，其中有很大的野羊，光是角就有六拃长。牧羊人常常把这些角锯断加工成碗用，有时甚至用来作夜间关牛的栏圈。

马可·波罗听当地人说此地多狼，咬死了不少野羊，因此荒野之中总能看到很多羊角和羊骨，在道路旁边有时甚至还会积成大堆，每当下雪时即可作为行旅的路标。

这一片平原就叫作帕米尔，骑马从这里经过，一共得花12天，沿途什么都看不见，只是一片荒漠，没有人烟也没有青草，所以行旅必须把一切需要的东西全部携带齐全。这个地方很高而且寒冷，以至于你看不到任何飞鸟。……

我必须承认，马可·波罗的记述，此处是“世界上最高的地方”这句话莫名地极大触动了我。至于牧场之美，有每年从护密（即瓦罕）到大帕米尔去的大队羊群可以证实。在我经过的时候，羊群正在北边山谷中吃草。马可·波罗所说的野羊，后来被命名为波罗羊，现在湖岸周围的高大山峰仍然是这类野羊随意出没之地。我们在博什拱拜孜阿格孜山口附近就遇到一大群野羊，山坡下面草场上也散落着大量的羊角和羊骨，这些很可能是死于狼口的野羊残骸。我们在那里休息的时候，阿弗拉兹·古尔在湖旁山谷里用枪打中了一只野羊，并送给我留作纪念。此外，附近山区素来以出产狗熊、雪豹著称。

沿着俄国和阿富汗边界线阿姆河大帕米尔支流右岸走了三站地，我们抵达了瓦罕境内的第一个村庄。在邻近帕米尔河和喷赤河交汇处兰干克什特，我受到了管理俄属瓦罕上游一座小驿官员的热情接待。在我们还没有行抵此地以前，远远地看到群峰簇拥、白雪皑皑的兴都库什山山峰，眼睛顿时为之一亮。远处群山的分水岭就是印度的边界。

这座作为分界线的大山就在瓦罕境内，喷赤河左岸阿富汗的一片狭窄领土把俄国所属的地方分隔开来。眼看着近在咫尺的大山，一种亲近感在我心中油然而生。我看见这座大山之所以产生如同回到故乡一样的感受，其实还另有其他的原因。当喷赤河俄属瓦罕人酋长萨勒布兰德汗派人到路上来迎接我时，我才看出那是他的儿子。萨勒布兰德汗住在阿什库曼山谷，受吉尔吉特英国政治统监的管辖，两年前带人帮助我渡过齐林吉山口进入洪扎的就是他。

我对自己能够顺利到达瓦罕颇感欣慰。这里的阿姆河主流河谷变得十分宽广，但因僻处边荒，气候恶劣，人口和出产都很稀少。这个地方之所以重要，是由于自古以来，从大夏前往塔里木盆地边缘的沙漠绿洲，以及再由那里抵达中国内地，最便捷的一条路就经过这里。1906年5月，我只能从萨尔哈德循着河流的最上游到达瓦罕走廊冰川，也就是这条大河的发源地。在当下这个气候比较宜人的季节，我居然能够在这条宽阔的山谷中从容旅行，实在是一种意外之喜。

瓦罕海拔在8000英尺到10000英尺以上，虽然已是9月，但这里仍是郁郁葱葱。瓦罕一年中大部分时间常刮酷寒的东风，对我在当地的探险影响最大。河岸两侧台地上有良好的沟渠灌溉系统，农田里的大麦、小麦已基本成熟。在河流转弯处，果园里果实飘香，累累悬挂于枝头。谷底的农田邻近河岸的地方，大大小小的石块稀稀落落地散布其间，沿河岸延伸得太低的地方间或也有一段一段的沙地。向南望去，有一大片茂密的树林，令人赏心悦目。兴都库什山主脉雄伟高大的雪峰，就耸立在河流旁窄狭的山谷之上，有如玉峰一般。

在那里，我对当地瓦罕人进行了人类学观察和测量。瓦罕人是一个很古老的人种，他们不仅保存了古代东伊朗语，而且还表现出人类学很显著的阿尔卑斯种型特征。

但是最引起我的注意的是，那里的古代堡垒遗迹。我虽然没有在那里做过发掘，获得直接的考古证据，但我相信有些堡垒是萨珊王朝或年代更早的遗迹。

瓦罕气候干燥，古代堡垒遗址保存良好。这种情况我在中亚已司空见惯，但至于当地居民长寿的原因，却令我费解。

下到山谷中，便来到了伊什克兴。那里由连绵不绝的悬崖绝谷和瓦罕地区作为分界，在玄奘和马可·波罗的记述中，那里都是一个非常著名的部落。在那里，我专门测量了纳玛德果特村附近恰嘎古城堡遗址中一座古代防御建筑遗迹。城堡用土坯砌筑的城墙依然高大雄伟，有些地方厚达30英尺，高耸雄踞于相距很近的两座山头之上。城堡下面是难以逾越的高峡深河。堡垒拱卫一座孤立的石峰，城墙长近1英里，西面山头上还建有一座城堡。堡垒的规模巨大，由此也可以看出当地当时的人口规模和富裕程度都远远超过现在。

经过一天的旅行，我们来到俄国的一个小驿站诺特。这个驿站正对着阿富汗的伊什克兴，驿站负责人是土曼诺维赤队长，他很和气地接待了我。令我感到愉快的是，他会说波斯语和突厥语，在当时的俄国土耳其斯坦总督区官吏中，很少有人具有这方面的语言能力。由于我只会讲几句俄语，这样一来，语言交流的困难便不存在了。此外，土曼诺维赤太太做家务的能力也给我留下了深刻的印象，要是在其他的俄国驿站，主妇只是准备茶水就要花费很长的时间，且不说其他方面的事情了。招待客人往往从夜里一直要持续到天亮，在这里却没有遇到那些麻烦。在当地，我安排大家休息两天，而我自己则趁机考察和记录伊什克兴人的语言。这是阿姆河上游僻远地区的山民使用并保存下来的一种古老的东伊朗语，这种语言在我到来之前还从未有人记录过。

阿姆河流到诺特，向北转了一个大弯，我们由此沿河而下，穿行在当地称为伽兰的窄狭山谷中。那里最近由于俄国官方的决定，修筑了一条简易公路。在这之前，无论是从北向南还是从南向北，道路都很难走。伽兰人口稀少，归巴达赫尚管理，从这里向西翻越高原，再穿过深邃的峡谷，便可以到达巴达赫尚。马可·波罗记述当年路经巴达赫尚时，印象最深的是“那些美丽宝贵的红宝石”，而那些红宝石产自伽兰。

经过伽兰的那几站行程，常常是沿着峭壁窄狭石路行走，我们被折磨得人困马乏。

9月12日，我终于来到大河和苏戈兰河汇合流入阿姆河的那个壮阔的山口。距两条大河合流处不远，有一个名叫霍鲁克的地方，那里是俄属帕米尔区行政长官的驻地。霍鲁克是一个迷人的地方，房舍都掩隐在胡桃林和其他果树之中。雅格罗大佐得知我要到来的消息，急忙巡视完塔什干后赶回，很和气地接待了我，为我们安顿住宿，并挽留我在那里休息两天。这两天我们过得很惬意。我探险获得的古代文物在一定程度上感染了这位知识渊博的官员，也正是他的好意安排，我才能把行程延长到苏戈兰。这样的结果完全出乎我的意料。因为有他的帮助，我后来经过当时还在布哈拉埃米尔统治下的山区时，获得了很大的方便。

在霍鲁克，俄国文化的影响力已经在各个方面表现出来。当地驻军的营区已经有了电灯，并建有一所俄国学校，有很多学生在那里接受教育。我们在那里做了短暂休整，我则利用机会收集了一些关于苏戈兰的历史和现在人口等方面的情况。中国历史文献《唐书》和其他一些求法僧人的行纪都说五识匿[①]人人性凶猛。玄奘自己并未到过此国，他路过达摩悉铁帝国[②]的时候，听说此国人“忍于杀戮，务于盗窃”。苏戈兰人至今在南边和西边温和的邻人之中，犹以勇敢凶猛著称，与文献记载十分吻合。苏戈兰人的劫掠成性至今在瓦罕人中还是谈之色变。而现在那些生活在中国境内阿姆河源头处的萨里库勒[③]人，他们所说的语言与苏戈兰人的语言就相差很小，应该是古代识匿人曾经征服那里的传说的最好证明。

自阿富汗和俄国先后统治了阿姆河上游之后，劫掠的事就成了历史。但是这些窄狭的山谷中的耕地稀少，又缺少合适的牧场，所以迁徙的本能以及经商的传统如今在当地还很明显。我了解到，山民们因为不能忍受当地的贫穷，每年都有许多人到费干做临时性农业方面的工作，另外一些人则到喀布罕撒马尔罕以及北方各地去做仆役。有趣的是，我常常看到一些穿着破旧的开襟长袍或奇形怪状的军装的当地人，那显然都是取道喀布罕前往白沙瓦的市场寻找出路的人。

从霍鲁克经过苏戈兰两大山谷中南边的沙赫达拉，我们攀

① 即舒格南。（译者）

② 即瓦罕。（译者）

③ 即今塔什库尔干。（译者）

图110　阿布伊潘加山谷源头，远处是瓦罕吉尔和阿姆河源头

图111　在亚兹古兰木的阿木恩下游的阿姆河峡谷

图112　波罗羊

上了高山之上通向阿尔楚尔帕米尔的高原地带。我们沿途经过的许多地方，每到峡谷中特别峻险的地方，都有互为犄角的军事建筑遗迹。这种迹象表明，古代这些地方常常发生军事冲突。我们取道朵扎赫达拉穿过贡德山谷，山谷前面走过的地方较为宽广，然而情形却是完全一样。

帕米尔斯基驿站、阿尔楚尔帕米尔以及霍鲁克的俄国车行公路在贡德相会。我在此地做了一些考察，获得了有关这座大山谷中部地带的一些印象。差不多就在一个月前，我在伊西尔库勒湖的外泄出口处上面，曾远远望见这里的山峰。当地老人告诉我，以前当地的酋长一度以贩卖妇孺为奴作为增加收入的营生，老百姓因而纷纷向北方诸汗国逃难。我在来到这里的途中，经过几个自然条件优渥的乡村，大多数都已经荒芜废弃，很可能就是这个原因。

后来这里归属阿富汗统治，但不久易主布哈拉，几乎完全是一样的暴虐。现在，在俄国军警的直接统治之下，情况虽大为改善，但为时不久，我经过的时候，疮痍还没有完全平复。

第二十章

从洛山到撒马尔罕

要到毗连苏戈兰北部的洛山山地去，最好走的路是沿贡德山谷下行到达霍鲁克下方的阿姆河，然后从对面喀拉巴尔般查河的那一方，沿河右岸俄国新修的马路继续下行到洛山的枢纽要地喀拉伊瓦马尔。但是，我决定利用这次难得的机会，考察作为区分苏戈兰洛山，以及一个多月前我在索纳普第一次进入巴尔塘河流域分水岭的那座大雪山。所以我选择了从西塔木小村上行，翻越后面那道高大山岭的山路向洛山进发。我们携带的行李不多，但是在崇山峻岭中行走，驮马的压力仍然很大，以至于难以承受。

第二天，我们只能重新雇用背夫运送行李，在攀越陡峻的石坡之前，首先必须经过一条遍布裂缝的冰川。这样走了6英里，才到达巉岩狭窄的山口，那里的海拔约16100英尺。雄伟壮丽的景象犹如画卷一般展现在我们的眼前。山势向着西边和西北边蔓延展开，漫过美丽的冰川源头，然后缓慢下降，形成一条巨大冰川，远远地延伸进入罗麦德河谷之中。继续向西翻越一道道锯齿状的险峻山峰，远远地就可以看到巴达赫尚白雪皑皑的群山。

沿着冰川积雪形成的冰面河床向下的旅程变得容易行走了许多。冰面路程结束后，我们沿着冰川的灰色冰墙，继续下行约7英里，到达冰川末端，找到一个可以宿营的地方。就在我们准备宿营的地方，雅格罗大佐派来接应我们的一群强壮的洛山人，已经等待接替我们筋疲力尽的背夫。从那里再有一天的路程，经过一系列古老的积石台地，下行进入罗麦德河谷，然后通过窄狭的峡谷，我们便能进入凯则孜小山村附近巴尔塘河谷的平原地带了。

下行到达喀拉伊瓦马尔的这两天路程，一直行进在从巴尔塘河通向阿姆河巉岩峭壁的峡谷中，真是令人苦不堪言。有了这样的经历，我现在明白了从帕米尔高原迤逦而下的山谷地带中，洛山最为封闭最少有人进入的原因，也明白了为什么那里的人种和文化习俗大部分还能保留古代遗风。

我们一路都要经过窄狭陡峻的峡谷，两旁山峰高耸犹如锯齿，而山麓又很陡峻。我们乘坐羊皮筏横渡凯则孜到河右岸后，之后的道路都是绵延不断的石壁，只有手足并用才能向前挪动。道路曲折崎岖，路面最窄处，仅能容足。为避开危崖窄径，在没有急流险滩的河段，我让一小部分人乘羊皮筏漂流下行。我们沿着河水忽上忽下，顺流而下。河流两岸，石壁林立，危崖险岩，面目狰狞。背夫们在悬崖峭壁上攀援前行，从河面上看去，像是在石壁上爬行的蜘蛛。

在峡谷出口，零星的小村落掩隐在果树林中。有些人家，从远处看，是石头建的小屋。走近了看，屋内虽烟熏火燎，污迹斑斑，但仍能看出基本的格局布置。起居室内的布置与塔克拉玛干遗址中发掘出土的房屋内部建筑，以及兴都库什山山谷以南现代人们居住的房屋内部建筑，异常相似。在亚洲腹地这样一个几乎被世人遗忘的角落里，因为崇山峻岭与世隔绝，竟然好像完全没有受到时代变迁的影响。我感触极深地想到，即使公元前后最后几个世纪大夏的希腊人或贵霜王朝的旅行者再次来到此地，所看到的一切大概也不会与现在有什么大的区别吧。

我一路上所碰到的，以及后来我在喀拉伊瓦马尔进行的人类学测量和调查，都使我有一种感觉：这些居民强健耐劳，容貌俊秀，淡淡的眼睛和秀丽的头发都极为普遍。在阿姆河各山谷讲伊朗语的居民中，我认为洛山人保持的阿尔卑斯种型最为纯粹。

在到达巴尔塘河和阿姆河交汇处之前，还要经过一段险峻的峡谷，在那里要用木梯攀登几乎垂直的岩壁。经过那个天然险地之后，我们便来到一个地势开阔的地方，那里就是进入洛山的要地喀拉伊瓦马尔。在那里，我让大家休整一天，自己则在以前苏戈兰废弃堡垒附近一处果园里进行人类学测量。在那里，我还得到一些古代木雕工艺品。这些木雕原来都是酋长屋里的家具。从这些木雕的图案中，可以很容易地分辨出莲花图案一类的装饰母题。

在这座屋子里，有一个房间是作为冬季全家起居的处所，其布局装饰既奇特又精细，可以作为当地建筑的标准类型加以介绍。天花板下面支撑房梁的每一根木柱都有一个特别的名称，用于招待客人安坐的土炕依照木柱的布局而修建，它的各部分都有特别的用途。天花板下面有一个隆起的壁龛，作为小儿睡卧之用，下面耳房内即是火灶，如此做成一种暖气设备。

据说，洛山妇女以美貌闻名，特别是身体姿态最美。我在那里的见闻也证实了这种说法。那时我正和当地头人站在离他家不远的路旁，他一家三代正好聚在一起，他的妻子和母亲的皮肤白皙得像欧洲的贵夫人一般，而两个小女孩尤其美艳惊人。为了使女孩更加引人注目，按照当地习俗，她们的祖母正用一种野樱桃涂在她们玫瑰色的双颊上，并用传统的方法美白肤色。

9月27日，我离开喀拉伊瓦马尔前往哈刺特斤，一路上要经过当地东边的山谷和大山，在1877年以前还是达尔瓦兹的首府，后来才归属布哈拉埃米尔统辖。那时候，冰冻的季节已经临近，我们将要翻越的高山山口常为冰雪封闭，所以我不断催促大家赶路。

在洛山和毗连洛山北部的亚兹古兰木山谷之间的交通，以前因阿姆河的峻险峡谷阻隔不能通行。近年来，俄国沿着峡谷石壁修筑了一条马路，情况得到了改善。但是，我还是选择自古使用的那条路，即翻越阿都德山口横越中分洛山和亚兹古兰木那座大山的老路。分水岭顶部，冰雪覆盖，山石嶙峋的山口海拔约14500英尺。从分水岭下行的山路蜿蜒曲折，我们首先穿越一条遍布冰川裂隙的冰河，接着再爬过一连串的古代冰川漂砾堆积而成的石山，然后进入一条狭窄的山谷。山谷谷底是一些桦树林和杜松林。我们紧赶慢赶，在还未到达马特伦村之前，天色就已经擦黑。

在那里，迎接我们的布哈拉地方官员第二天早晨告诉我们一个好消息，雅格罗大佐派来帮助我们的人已在达尔瓦兹等候。看着当地士绅们华丽的绸袍和浅黑色的面孔，我顿时感到，阿姆河上游高原山区不久就要留在身后了。亚兹古兰木人口约190户，位于达尔瓦兹和洛山之间，长期无人管理。同时，当地人一有机会还会劫掠两边的邻居，而且一视同仁无所分别。虽然他们的语言同苏戈兰人很近似，但是却同达尔瓦兹人往来得较多。

我们急忙通过亚兹古兰木沿山谷继续下行，阿姆河河岸上新修的马路路况不错，我们一路顺利地到达了王吉大峡谷谷口。10月1日，我们走过的上部山谷地势相对平坦，气候比较湿润，山坡底部大多都是不用灌溉的梯田，上面则是葱郁的树木。谷底环绕着村庄的大果园以及农田之间成行成列的树木，美不胜收。

自然景象明显发生变化的同时，人们的体貌特征和生活状态也随之变得不同。当地人也像布哈拉山地的塔吉克人一样讲波斯语。他们自己古老的东伊朗语虽然已经废弃不用了，可是就他们的祖先古代粟特人而言，这些人仍然代表着土著伊兰民族，其血统也要比平原地区的萨尔特人更加纯粹。粉刷成白色的平顶大屋已经成为当地房屋建筑的代表样式，这同样也表现出气候和生活方面情况的变化。

那天，山顶浓云密布，对面位于锡尔河和塔尼马兹河之间积雪的巨大山峰也隐藏不见了。第二天，山上大雨夹着雪花，倾泻不止，我们只好在西塔尔格村停下休息。我们前面将要翻越的就是因西塔尔格村得名的山口，那里距离瓦合亚巴拉大山地一处有人居住的地方恒噶布很近。当地头人明白在这种情形之下翻越山口非常危险。为了不承担责任，他们机警地要求我写下声明书，说明若有任何失误，他们概不负责。好在黎明以前，天已转晴，我们得以出发过界。

通向山口的路很陡，斜坡上长满了高山植被。爬过一座冰雪覆盖的大冰川漂砾堆积而成的石山，经过一段陡峻的冰川，从出发后走了七个小时，才爬到那座海拔约14600英尺的险峻狭窄的隘口。从隘口向下望去，只能看见下行道路必经的那条巨大冰川河流的源头。但是当我们在弯曲的冰川裂缝中走了约1.5英里的路程，打算爬上冰川河面时，一种从未见过的景象呈现在了我们的面前。远处，我们脚下的巨大冰川与另外一条从高山南侧蜿蜒伸展而来的巨大冰川会合相聚，大规模的展开。我们离开山口向下又行走了约10英里，翻越了高出冰川河面150多英尺的冰川堆石，才到达两条冰川的会合处。由此下行约3英里，我们找到一块有草的高原小平地，并当即决定在那里宿营。

10月4日，走了一站路程后即到达帕希姆噶尔，那是恒噶布最高的一个山村。在那里，我所见到的第一块耕地海拔约9500英尺，沿途很多耕地都已荒弃。我心里一直很清楚，我们渡过的大噶尔摩河发源于慕士塔格山主峰西侧峰顶上的冰川。我们匆匆忙忙地赶路，打算用两个行程的工夫下行到瓦合亚巴拉的主要山谷，以便能够在下雪以前赶到哈喇特金。

沿途赶路的时候，我们不断经过一些掩隐在果园丛林中的美丽村落。但是由于受布哈拉政局动荡的影响，许多上好的土地都未被开垦，其他很多方面也可以明显看出受到的消极影响。前来迎接我的那些头人，即使来自很小的地方，也都穿着华丽的绸袍，绸袍上间以虹彩的颜色，以显示其高贵和富有。后来我才知道，这些服装竟然都是所谓的命服，之所以用这样的阔绰样式，乃是源自埃米尔宫廷一种相传已久的敛财方式。酋长所宠爱的人或薪俸尚不能够超过同级别官员的其他官吏，埃米尔就命他们由布哈拉带着这些荣耀的衣服分派到各省省长，作为酋长对下属表达特别满意的一种恩赐。奉埃米尔之命带这些东西来的人，照例要由接收者给予很多银钱作为酬谢。于是省长又把这些埃米尔赏赐之物交给无俸的臣子，代他去赏给属下的头人，如此照样一层层转移下去，到最后，所有这种表示大恩惠的东西都落到了地方头人身上，再由地方头人转嫁给农民。财政制度荒唐，司法裁判又完全是中世纪的方式，所以俄国革命以后，布哈拉的统治被推翻，而埃米尔的臣民们并没有表现出什么关心，就不足为怪了。

10月6日，因为下大雨，我们在瓦合亚巴拉的阿玛拉克达尔破败萧条的省城附近拉吉赫停留了一天。天气转晴后，我们不顾山上仍在下雪，在以后两天先翻过基尔丹伊卡夫塔尔山口，来到图布查克高原山地。

当我经过高原，横越蜿蜒于苏尔哈普山谷和向南部延伸的哈喇特金边界一带大山时，看见了一派雄伟的景象。从西边积雪的大彼得山脉起，经过其斯阿莱山脉以远一直到东边，我第一次在塔沙噶尔山口看到的慕士塔格山主峰形成的冰雪险阻。至此，两个月来从阿姆河上游横渡帕米尔高原和许多险峻峡谷，东游西荡的旅行又把我带回到科迈多伊山谷，和我从阿赖山追寻的古代丝绸贸易的大路上来了。

下行到宽广的山谷要经过一段肥沃的倾斜山地，那里降水丰沛，种植的作物不需要灌溉，从海拔8000英尺的高处向

图113　喀拉伊瓦玛尔的一户洛山人家

下，人们正在收割庄稼。而瓦罕一带海拔在2000英尺以上的地方，农业作物早在1月前便已收割，这样一比，可见此地气候较为潮湿所产生的影响。到达哈喇特金后，我又重新走进说突厥语、居住得相对舒适的吉尔吉斯人中来了。这里因为土地肥沃，加上容易获得广大富饶的牧场，所以在最后一次大迁徙把这些吉尔吉斯人带到此地以前很早的时候，突厥部族一定来到这里大肆劫掠过。

古代突厥人曾经占据过哈喇特金，根据当地现在流行的地

图114　从西塔木山口西延伸的山谷通道

名和人名多数是突厥语的现象即可证明。吉尔吉斯人之所以拥有这块沃土，正和古代的突厥人一样，当然是通过征服而得。特别有趣的是，目前这些吉尔吉斯人也慢慢地被从达尔瓦兹和西边过来的塔吉克人挤压。哈喇特金的吉尔吉斯人仍然保持他们半游牧的古老习惯，夏季迁地游牧，而他们从土地种植所得显然赶不上那些温和勤俭的邻居进行的工农业生产所得。

我在这里见闻的情况，很容易就可以令人想象出古代粟特

原来的伊兰人[①]在被游牧民族再三入侵的现在的撒马尔罕和布哈拉平原，如何极力维持局面并一再努力打算占据优势地位。而现在我在哈喇特金等地听说的当地吉尔吉斯人和塔吉克妇女通婚的现象，表明这也是另外一种潜在的可行方法。这里原来居住的伊兰人，在不能完全吸收同化突厥部族征服者的情况

① 现在的塔吉克人是古代伊兰人后裔。（译者）

图115　慕仕塔格山口西南方的冰川雪峰

下，想凭借通婚的办法逐渐改变他们的性情。

噶尔姆是统治哈喇特金酋长的驻地，10月11日，我曾在那位酋长的花园里宿营一天。在那里，我见识了当地至今还保留着中古时代官吏排场的奇怪情形。随后，我们继续上路，走了两段路程，到达苏尔哈普山谷向南一个大转弯处，那里有一大段路交通不便，贸易不通。那里与因温泉而闻名的阿布伊尔

噶姆村相距不远。我们的路线从那里转而向西，古代前往大夏的丝绸商人，当然也是选择这一条路。

到了那里，从帕米尔高原延伸下来的最后山地都已经被我们抛在身后。我们很快进入了阿姆河的苏尔汗和卡菲尔尼汗两条支流灌溉的喜萨尔德山谷。这里地势宽广，土地肥沃，在很长的历史时期里还一度独立自主。至此，离阿姆河南边巴克特里亚也就是古代大夏的巴尔克已经不远了。

我最初经过的四站地方都是肥沃富饶之地。从阿布伊噶尔姆到法伊扎巴德，我们经过的地方都是优质牧场。如同我们经过的北部高山谷地一样，这些地方都被希萨尔的乌兹别克地主们所拥有，他们每到夏季便驱赶羊群以及大群牛马来到此地。之后三天，我们途经多香拜、喀拉塔格以及雷噶尔北边肥沃的地带，这里出产最富饶的地方属乌兹别克人所有。而在此劳作的大部分人则是塔吉克人，他们似乎在逐渐地由佃户变成了主人。

突厥人仍然固守着他们古老的游牧习惯，这种保守的生活情形，从乌兹别克许多房屋和庭院中还有可以移动的毡房即可反映出来。这些毡房是从夏季牧场搬回来的，它们的主人还是一贯地喜欢用这种可以移动的而不是旁边那些用泥土建造的小屋。虽然布哈拉的腐败官员变本加厉地剥削他们，但乡村相对还是要舒适得多。我还看见过一些地方，因为土壤肥沃和气候适宜，农产品交易也呈现出繁荣的景象。

希萨尔那条易于通行的道路通向西南，是自古以来的交通大道。这条大道从阿姆河河畔的特尔梅尔穿过丘陵直通古铁门关，进而可以抵达撒马尔罕和布哈拉。为了缩短行程，我选择了向西北经过塔什库尔干到夏尔伊萨布兹的那一条路。起初，我们沿着窄狭的峡谷穿行，然后向上一路经过林木茂密的山地，最后来到达喀尔胡什山口。那时，已经开始降雪。离开喀尔胡什山口后，下行的道路山势在不断下降，道路两旁不时见到大片富饶牧场，乌兹别克人经常迁徙来到此地游牧。此后的行程中，我们路过的山谷，地势宽广，水流丰沛，流向卡尔黑。

到达夏尔伊萨布兹大城时，已是10月20日。第二天，我乘坐俄国摇荡的四轮车经过塔克塔卡拉查和宽广的扎拉甫香山谷，风尘仆仆赶到撒马尔罕。

来到撒马尔罕这座繁忙的大城，我的探险旅程即已接近终点。到现在的城东可以探访阿夫拉西亚布的大型土堆遗址，那是康居古都的故址，亚历山大时代的历史家称之为马拉甘达，在中国史书上也有很高的知名度。再近一点可以看到一座富丽堂皇的纪念性建筑物，它是帖木儿大帝用来装饰这个中古莫卧儿帝国的伟大中心的标志性建筑。但是，撒马尔罕的俄国城比我十五年前第一次来到时变得更大了，看起来更像是一座东欧城市。

在俄国城的街道上，曾经发生过许多动摇近代欧洲国家基础的重大战争和事件，现在的情形依然令人担忧。在这里可以看出，这个威胁最后要全面侵略中亚的帝国即将发生大的动乱，此刻已经有了明显的迹象。

关于中亚探险旅行的记述，随着我来到撒马尔罕这个古代历史的舞台，正好可以结束了。